T0258437

MAFALDA

TIRAS DE QUINO
EDITADAS POR LUMEN

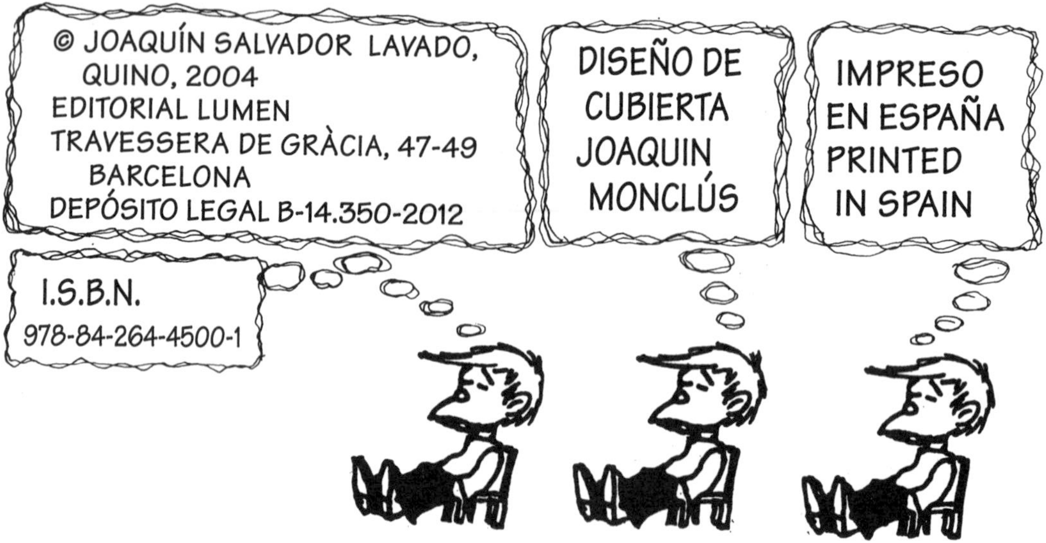
© JOAQUÍN SALVADOR LAVADO, QUINO, 2004
EDITORIAL LUMEN
TRAVESSERA DE GRÀCIA, 47-49
BARCELONA
DEPÓSITO LEGAL B-14.350-2012
I.S.B.N.
978-84-264-4500-1
DISEÑO DE CUBIERTA JOAQUIN MONCLÚS
IMPRESO EN ESPAÑA
PRINTED IN SPAIN

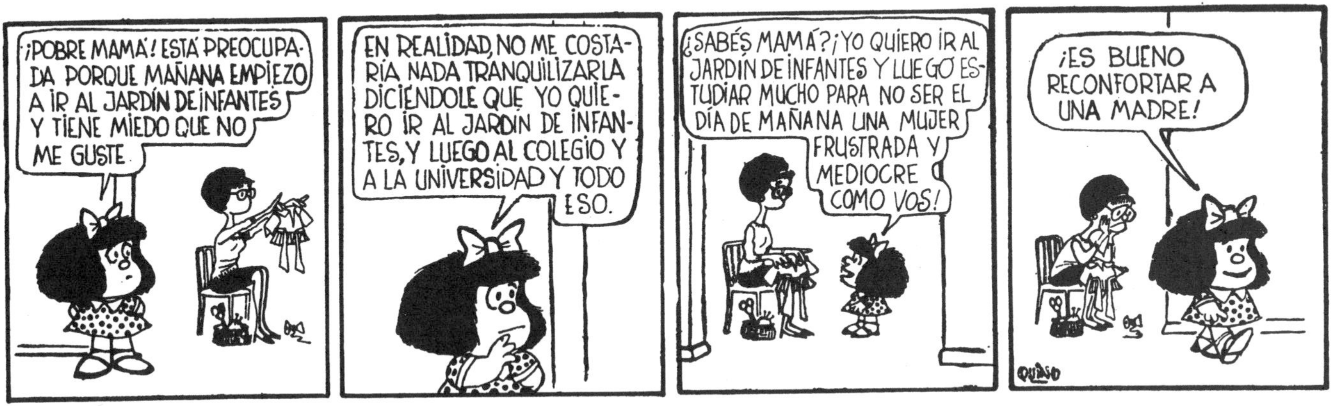
¡POBRE MAMÁ! ESTÁ PREOCUPADA PORQUE MAÑANA EMPIEZO A IR AL JARDÍN DE INFANTES Y TIENE MIEDO QUE NO ME GUSTE
EN REALIDAD, NO ME COSTARÍA NADA TRANQUILIZARLA DICIENDOLE QUE YO QUIERO IR AL JARDÍN DE INFANTES, Y LUEGO AL COLEGIO Y A LA UNIVERSIDAD Y TODO ESO.
¿SABÉS MAMÁ? ¡YO QUIERO IR AL JARDÍN DE INFANTES Y LUEGO ESTUDIAR MUCHO PARA NO SER EL DÍA DE MAÑANA UNA MUJER FRUSTRADA Y MEDIOCRE COMO VOS!
¡ES BUENO RECONFORTAR A UNA MADRE!
QUINO

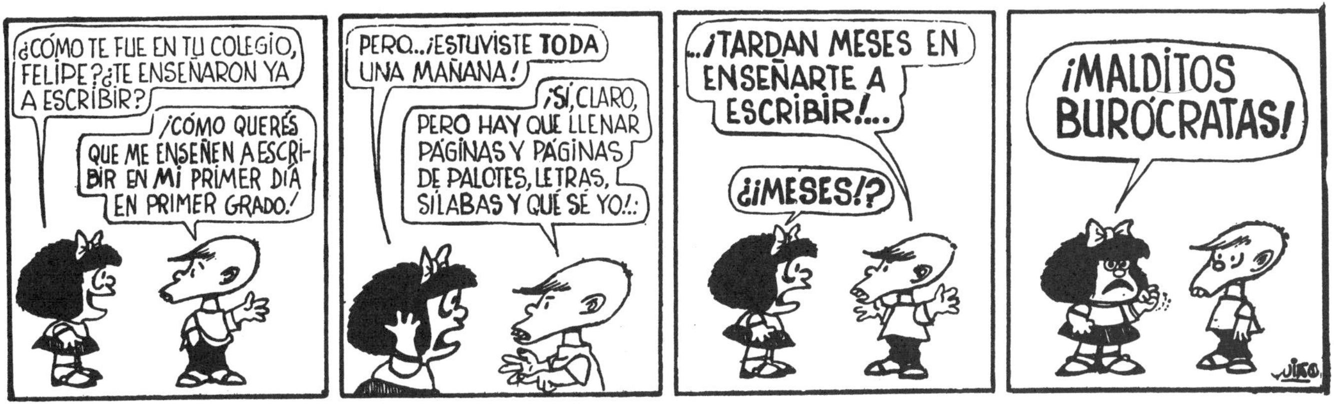
¿CÓMO TE FUE EN TU COLEGIO, FELIPE? ¿TE ENSEÑARON YA A ESCRIBIR?
¡CÓMO QUERÉS QUE ME ENSEÑEN A ESCRIBIR EN MI PRIMER DÍA EN PRIMER GRADO!
PERO... ¡ESTUVISTE TODA UNA MAÑANA!
¡SÍ, CLARO, PERO HAY QUE LLENAR PÁGINAS Y PÁGINAS DE PALOTES, LETRAS, SÍLABAS Y QUÉ SÉ YO!...
...¡TARDAN MESES EN ENSEÑARTE A ESCRIBIR!...
¿¡MESES!?
¡MALDITOS BURÓCRATAS!
QUINO

¡ANDÁ!... ¡NO TE CREO!...

¡EN SERIO! ¡NO TE MIENTO!

¡SALÍ!... ¡NO PUEDE SER!

PERO...AL FIN Y AL CABO...

...¿SOY UN BICHO RARO POR NO TENER TELEVISOR?

LOS CHICOS DEL JARDÍN DE INFANTES ME MIRAN COMO A BICHO RARO POR NO TENER TELEVISOR

¡SONAMOS!

¡NO TENER TELEVISOR NO ES SER BICHO RARO!!

LO SÉ, SI ELLOS YA ME DIJERON QUE NO ES SER BICHO RARO!...

...¡ES SER ESTÚPIDO!

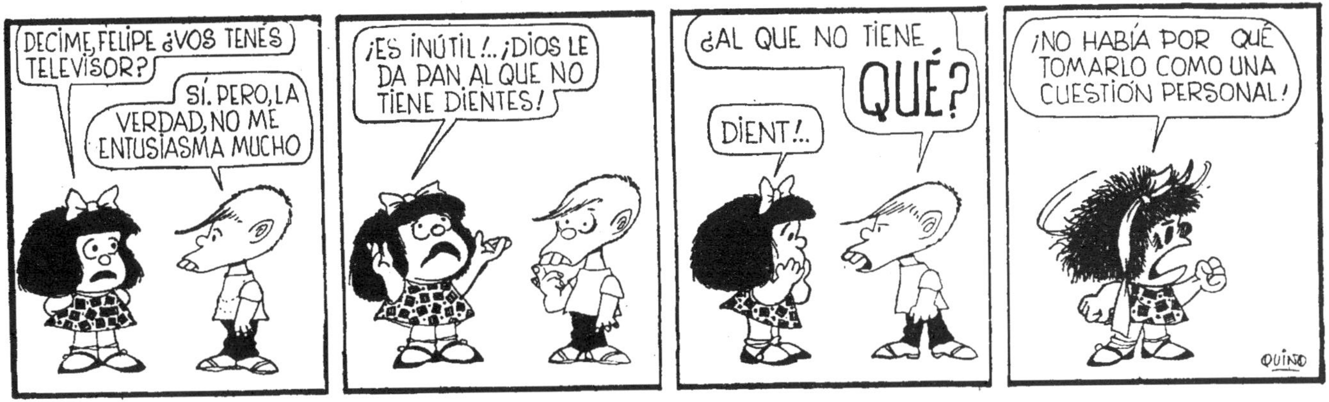
DECIME, FELIPE ¿VOS TENÉS TELEVISOR?
SÍ. PERO, LA VERDAD, NO ME ENTUSIASMA MUCHO
¡ES INÚTIL!.. ¡DIOS LE DA PAN AL QUE NO TIENE DIENTES!
¿AL QUE NO TIENE
DIENT!..
QUÉ?
¡NO HABÍA POR QUÉ TOMARLO COMO UNA CUESTIÓN PERSONAL!

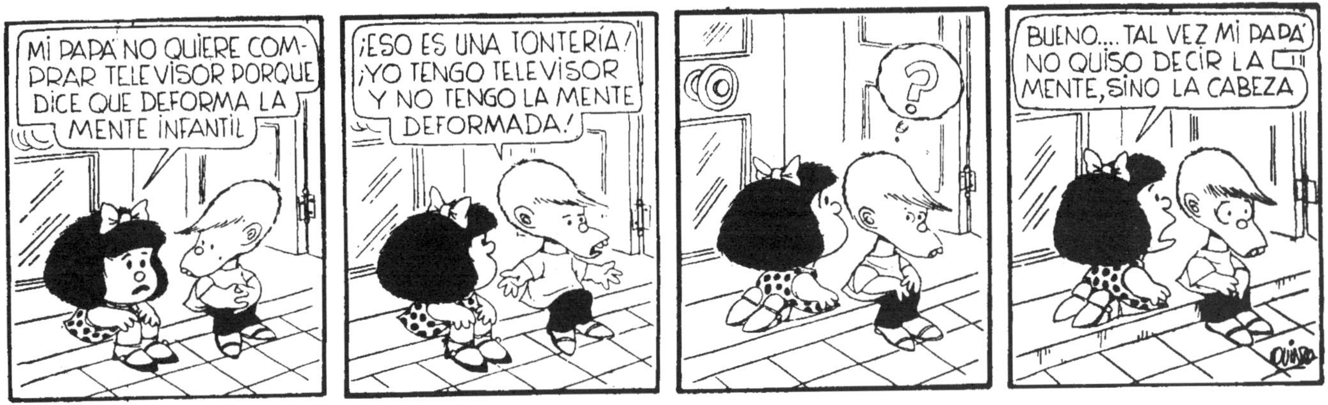
MI PAPÁ NO QUIERE COMPRAR TELEVISOR PORQUE DICE QUE DEFORMA LA MENTE INFANTIL
¡ESO ES UNA TONTERÍA! ¡YO TENGO TELEVISOR Y NO TENGO LA MENTE DEFORMADA!
?
BUENO.... TAL VEZ MI PAPÁ NO QUISO DECIR LA MENTE, SINO LA CABEZA

DEME UN CHOCOLATÍN

¡NI CONTENTA QUE SE VA A PONER MAFALDA CON ESTO!

¡ADIVINA QUÉ TE TRAIGO, MAFALD...

¿UN TELEVISOR?

¡NUNCA IMAGINÉ QUE UN CHOCOLATÍN PUDIERA TENER GUSTO A FRACASO!

QUINO

¡ME NIEGO A QUE MAFALDA SE TRANSFORME EN UNA TARADITA CANTA JINGLES!... ¡MALDITA LA HORA EN QUE LE NOMBRARON LA TELEVISIÓN!

¡Y PENSAR QUE EL MISMÍSIMO PAPA DIJO QUE LA TELEVISIÓN UNE A LA FAMILIA!

SUPONGO QUE SÍ EL PAPA TUVIERA HIJOS PENSARÍA DE OTRO MODO..!

¡¿SE HA VUELTO LOCO?! ¡¿O QUIERE QUE LO ECHE, POR COMUNISTA?!!

ESTE HOBBY DE LAS PLANTAS ES SUPER-SEDANTE

¡QUIERO UN TELEVISOOOR!

¡NO HAY COMO LA ESPESURA PARA UNA BUENA GUERRILLA!

¿ESTÁ TU MAMÁ?

¿DÓNDE LO PONE, SEÑORA?

EN EL LIVING, POR FAVOR.

¿Y A LA NENA?

ASÍ QUE TELEVISOR, ¿EH? ¡POR FIN!... ¡TENÉS QUE VERLO!...¡ES FANTÁSTICO!

¿Y TE DEJA VER TELEVISIÓN TU PAPÁ?

Y... TRATA DE NO DEJARME VER...

PERO EMPLEA RECURSOS...¿CÓMO PODRÍA DECIRTE?

... ALGO INGENUOS.

SI LE DIGO QUE NO VEA TANTA TELEVISIÓN VA A TERMINAR POR ODIARME. ¿PORQUÉ NO LE DECÍS VOS?

MAFALDA, SERÍA CONVENIENTE QUE VIERAS UN ...

¿QUÉ?...

¿QUÉ QUÉ, HIJITA?

¿HAS PENSADO QUÉ VAS A SER CUANDO GRANDE?

¡UF!..HAY TIEMPO PARA ESO

¿HAY TIEMPO?...¿Y SI CUALQUIER DÍA SE ARMA UNA GUERRA ATÓMICA Y ESPICHAMOS TODOS? ¡LA HUMANIDAD DESPACHURRADA! ¡HORROR!

EN ESE CASO NO LLEGAREMOS A GRANDES

¡MIRÁ QUE SOS MACABRO,¿EH?..

DECIME,MANOLITO,¿VOS QUÉ PENSÁS DE LA GUERRA ATÓMICA?

PUES QUE NO HABRÁ

LA GUERRA ES UN NEGOCIO. Y LOS QUE LA HACEN SON BUENOS COMERCIANTES.

MI PAPÁ TAMBIÉN ES BUEN COMERCIANTE

ASÍ QUE LOS OTROS NO VAN A TIRAR BOMBAS PARA ROMPERLE EL ALMACÉN A MI PAPÁ

PODÉS ESTAR TRANQUILA. ENTRE BUEYES NO HAY CORNADAS.

¿DÓNDE ESTAMOS NOSOTROS?

AQUÍ, ¿VES?

PERO ENTONCES... ¡VIVIMOS CABEZA ABAJO!

Y... SÍ.

¡DIOS MÍO! ¡CREO QUE A PARTIR DE HOY SENTIRÉ MÁS **APEGO** POR ESTE SUELO!

¿QUE VIVIMOS CABEZA ABAJO? ¿DE DÓNDE SACASTE ESA ESTUPIDEZ?

BASTA MIRAR UN GLOBO TERRÁQUEO

LOS DEL HEMISFERIO NORTE VIVEN CABEZA ARRIBA. Y NOSOTROS CABEZA ABAJO

¡ABSURDO!

¡NO!... ¿NO VES QUE LOS PAÍSES DESARROLLADOS SON **JUSTAMENTE** LOS QUE VIVEN CABEZA ARRIBA?

¿Y ESO QUÉ PRUEBA?

QUE POR VIVIR CABEZA ABAJO, A NOSOTROS LAS IDEAS SE NOS CAEN.!

¡VAMOS A REFUTARLE A MAFALDA SU TEORÍA DE QUE SOMOS SUBDESARROLLADOS POR VIVIR CABEZA ABAJO!

¡SI AL PAPÁ DE MANOLITO SE LE CAYERAN LAS IDEAS DESARROLLISTAS, NO TENDRÍA UN ALMACÉN TAN PRÓSPERO!

¡CLARO!

PORQUE NACIÓ EN ESPAÑA, CABEZA ARRIBA

¡PERO MANOLITO NACIÓ AQUÍ. Y A ÉL TAMPOCO SE LE CAEN LAS IDEAS!

TOC TOC

SE EXPLICA PERFECTAMENTE

¿VES, FELIPE? EN REALIDAD NO ES QUE LOS ADULTOS CREZCAN

SIMPLEMENTE LLEVAN MÁS TIEMPO QUE NOSOTROS VIVIENDO CABEZA ABAJO

Y, LÓGICAMENTE, EL PESO DE LA CABEZA LOS VA ESTIRANDO.

¿CÓMO ES QUE NO VAS AL JARDÍN DE INFANTES, MANOLITO?

PORQUE SOY MÁS ÚTIL EN EL ALMACÉN DE MI PAPÁ

¿Y A LA ESCUELA **TAMPOCO** PENSÁS IR?

AHÍ SÍ, PORQUE APRENDERÉ ARITMÉTICA. SERÁ UN PROGRESO PARA EL ALMACÉN DE MI PAPÁ

¡**PROGRESO**!... ¡PROGRESO SON LOS VIAJES ESPACIALES Y **NO** EL ALMACÉN DE TU PAPÁ!

¡PERO SI EL COSMOS TAMBIÉN ME INTERESA!

TENGO EN VISTA SUCURSALES

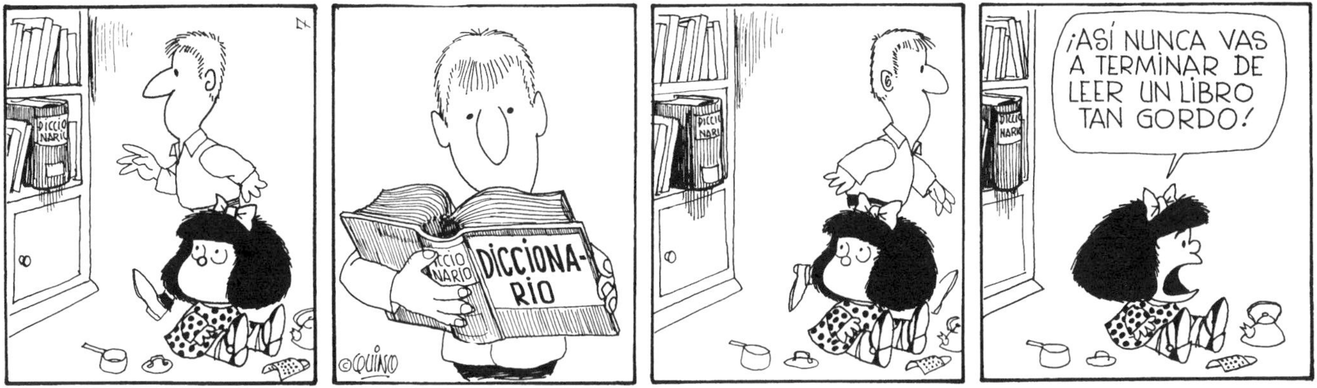
DICCIONARIO
DICCIONA-RIO
¡ASÍ NUNCA VAS A TERMINAR DE LEER UN LIBRO TAN GORDO!
©QUINO

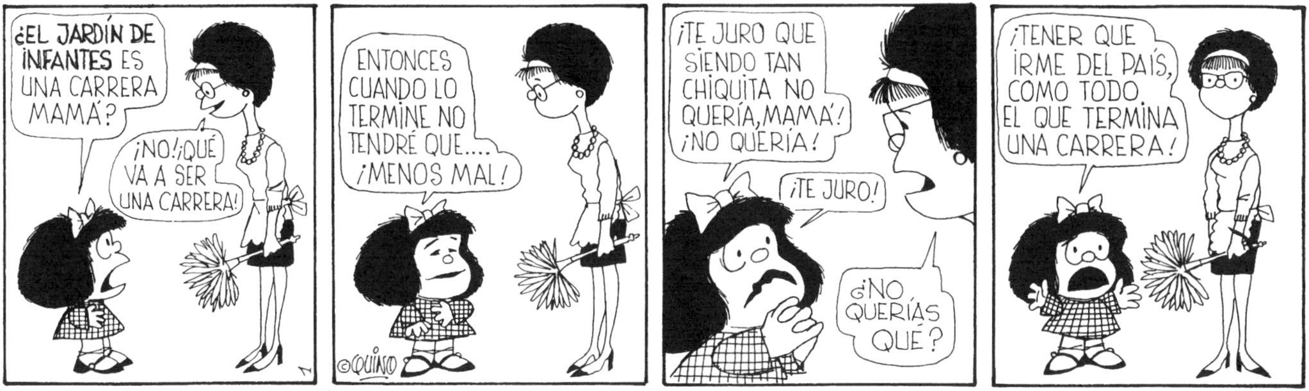
¿EL JARDÍN DE INFANTES ES UNA CARRERA MAMÁ?
¡NO! ¡QUÉ VA A SER UNA CARRERA!
ENTONCES CUANDO LO TERMINE NO TENDRÉ QUE.... ¡MENOS MAL!
¡TE JURO QUE SIENDO TAN CHIQUITA NO QUERÍA, MAMÁ! ¡NO QUERÍA!
¡TE JURO!
¿NO QUERÍAS QUÉ?
¡TENER QUE IRME DEL PAÍS, COMO TODO EL QUE TERMINA UNA CARRERA!
©QUINO

¿PORQUÉ TODOS LOS QUE TERMINAN UNA CARRERA SE VAN AL EXTRANJERO?

¡SONAMOS!

BUENO, TAL VEZ PORQUE AQUÍ NO TIENEN SUFICIENTE CAMPO

PERO DECIME...

¡CON TODO EL CAMPO QUE TIENEN AQUÍ LAS VACAS!...¿PORQUÉ DEMONIOS TAMBIÉN ELLAS SE VAN AL EXTRANJERO?

¡ES HORRIBLE!¡LA GENTE ESTUDIA, TERMINA SU CARRERA Y...¡ZAS! SE VA AL EXTRANJERO!

¡COMO SIGAMOS ASÍ, ESTE PAÍS SE VA IR A...

...A...

...¡AL EXTRANJERO!

¿A VOS TE PARECE BIEN QUE LA GENTE DEJE EL PAÍS PARA TRABAJAR EN EL EXTRANJERO?

¡POR SUPUESTO!

¿ACASO CUANDO MI PAPÁ VINO AQUÍ NO DEJÓ SU PATRIA POR UN PAÍS EXTRANJERO?

PERO ¿SOS TONTO? ¡ÉSTE **NO ES** UN PAÍS EXTRANJERO!

¡HAY GENTE TONTA!

¡EXAGERACIONES TUYAS! ¡NO TODO EL QUE TIENE UN TÍTULO SE VA AL EXTRANJERO!

¿VOS CREÉS?

¡MIRÁ A LOS POLÍTICOS!.. ¡EL QUE NO ES ABOGADO ES INGENIERO, O MÉDICO,

..O ARQUITECTO!...¡Y NO POR ESO SE VAN AL EXTRANJERO!

¡QUÉ LÁSTIMA!..

HACER PINTAR LIBREMENTE A LOS CHICOS AYUDA A CONOCER A CADA UNO

PORQUE LA PINTURA DESCUBRE LA PERSONALIDAD...

¡YO DIRÍA QUE LA CUBRE!

¡PTUAJ!

CREO QUE DEJÉ EL POMO DE TÉMPERA Y TRAJE EL DE DENTÍFRICO

¡QUIERO TOMAR SODA! ¡Y NO VOY A ANDAR SEDIENTO POR CULPA DE TU TRAJE ESPACIAL!

¡NO ES POSIBLE!

29

EN LA ERA ESPACIAL **TODO** ES POSIBLE

NADA DETIENE EL AVANCE DE UNA NUEVA GENERACIÓN TECNIFICADA.

30

Y MENOS, UNA VIEJA GENERACIÓN DESPRESTIGIADA.

¡SORPRENDENTE!

¡NUNCA PENSÉ QUE UN SIFÓN BRINDARA ESTAS POSIBILIDADES TÉCNICAS!

¡Y COMERCIALES!... ¡ESTO PUEDE LLEVAR LA COTIZACIÓN DEL ARTÍCULO A NIVELES MUY INTERESANTES!

¿¡?!

¡LAS GENERACIONES SON TUERTAS SI LES FALTA EL OJO COMERCIAL!

¡VAS A VER!... ¡CON ESTA IDEA MÍA, EL LANZAMIENTO SERÁ ESTUPENDO.

..CUATRO,... ...TRES,... ...DOS,... ...UNO,...

¡CERO!

FSSH!

SERÉ CURIOSA, FELIPE... ¿QUÉ SIGNIFICA PARA VOS LA PALABRA ESTUPENDO?

¡VOS Y TUS VUELOS A CHORRO! ¡COMO SI NO HUBIERA YA BASTANTE QUE FREGAR EN LA CASA!

¿NO SOS FELIZ FREGANDO?

¡NO!

ESTÁ BIEN. NO DARÉ MÁS SIFONAZOS...

SIN SENTIR UN REMORDIMIENTO TERRIBLE POR HACERLO.

¡PARECE QUE LA SOLIDARIDAD MORAL YA NO CONVENCE A NADIE!

¡ALLÁ VOY!... ¡RUMBO AL INFINITO!

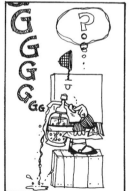

G G G G Gg

?

¡ALLÁ VOY!.. ¡RUMBO AL INFINITO!..

¡TE AVISO, MAFALDA: MI PACIENCIA TIENE UN LÍMITE!..

EL INFINITO TAMBIÉN...

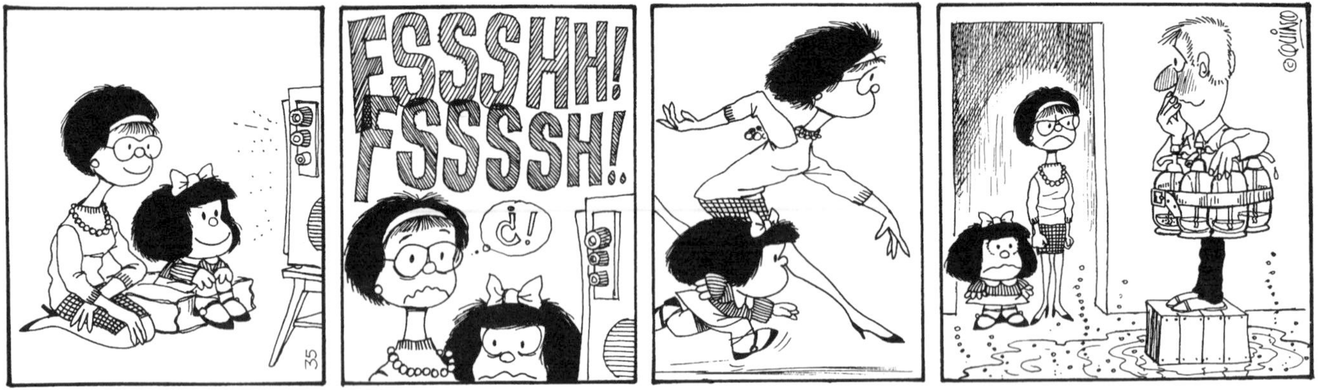
35
FSSSHH! FSSSSH!
¿!
©QUINO

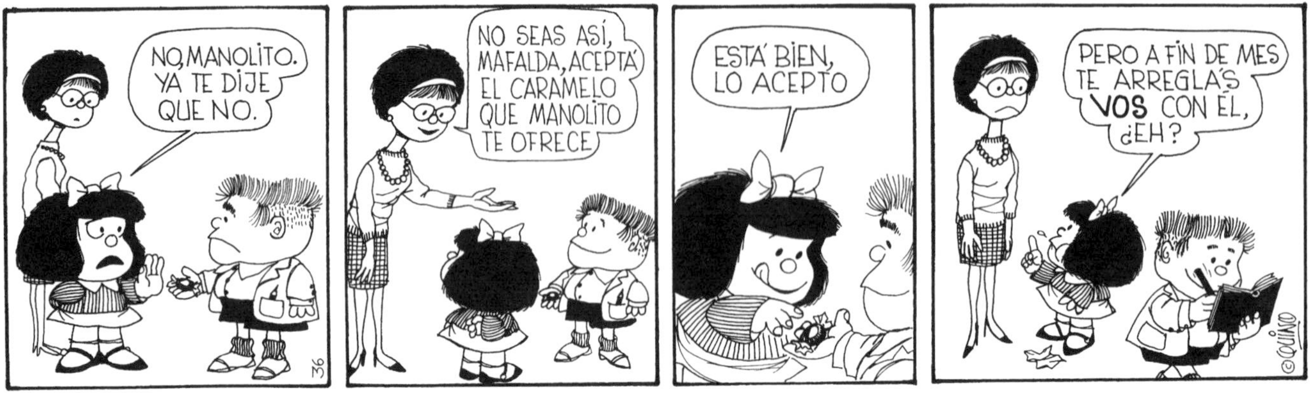
NO, MANOLITO. YA TE DIJE QUE NO.
36
NO SEAS ASÍ, MAFALDA, ACEPTÁ EL CARAMELO QUE MANOLITO TE OFRECE
ESTÁ BIEN, LO ACEPTO
PERO A FIN DE MES TE ARREGLÁS VOS CON ÉL, ¿EH?
©QUINO

Strip 1: ¿PORQUÉ LA T.V. Y LA RADIO HABLARÁN TANTO DEL VIETNAM?

¡QUÉ SÉ YO!...

Strip 2: ES UNO DE ESOS LÍOS QUE ARMA LA GENTE GRANDE, ASÍ QUE DEJÁ QUE LO SOLUCIONE LA GENTE GRANDE.

Strip 3: VOS QUE SOS GRANDE, MAMÁ, DECIME: ¿QUÉ LÍO ES ESE DEL VIETNAM?

Y...ESTEE...BUENO...¡JÉ-JÉ!...ES ...¡UN LÍO!...¡CUANDO LLEGUE PAPÁ PREGUNTALE A ÉL!

Strip 4: TOMÁ, FELIPE. PARA QUE ESPERÉS LAS SOLUCIONES DE LA GENTE GRANDE, ¿EH?

© QUINO

Strip 5: ¡QUÉ DÍA MALDITO! ¡CON EL MALHUMOR DEL JEFE Y ESE CONDENADO BALANCE, ESTOY QUE EXPLOTO!

Strip 6: ¡MENOS MAL QUE UNO LLEGA A CASA Y SE OLVIDA DEL MUNDO!

Strip 7: ¡HOL....

¡TE ESPERABA, PAPÁ! QUIERO SABER QUÉ LÍO ES ESE DEL VIETNAM ¡EXPLÍCAME!

© QUINO

Strip 8: DELE QUINCE GOTAS EN UNA TAZA DE TILO BIEN CARGADO Y SI NO SE LE PASA VUELVA A VERME

NERVO CALM

¡PERO MAFALDA, AUNQUE YO TE EXPLICARA LO DEL VIETNAM, VOS NO LO ENTENDERÍAS!

¡CLARO!...¡COMO SOY OPA!...

¡NO ES QUE SEAS OPA! ¡ES QUE NO ES UN PROBLEMA PARA NIÑOS!

¿AH, NO?

¡NO!

¿Y SI ME LO EXPLICAS SIN LAS PARTES PORNOGRÁFICAS?

¿QUE NO?...¡ANDÁ Y HACÉ LA PRUEBA, ENTONCES!

PEDÍ EN TU CASA QUE TE EXPLIQUEN QUÉ PASA EN VIETNAM...¡VAS A VER CÓMO TE SALEN HABLANDO DE LA CIGÜEÑA!

¡PERO QUÉ DEMONIOS TIENE QUE VER LA CIGÜEÑA CON VIETNAM?

NO SÉ...

¡PERO CUANDO LOS PADRES NO SABEN CÓMO EXPLICARTE ALGO, SEGURO QUE HAY UNA CIGÜEÑA DE POR MEDIO!

ESCUCHANDO LA RADIO SE ME HA ACLARADO ALGO EL LÍO DE VIETNAM

¿AH, SÍ?

¡SÍ! PARECE QUE POR UN LADO ESTÁN "LOS NORTEAMERICANOS", ¿NO?, Y POR EL OTRO LOS "NOR-VIETNAMITAS". DESPUÉS ESTÁN LOS "SURVIETNAMITAS", QUE...

..LUCHAN CONTRA EL "VIETCONG"; ÉSTE PELEA CONTRA LOS "ESTADO-UNIDENSES", LOS QUE, A SU VEZ, ESTÁN CONTRA LOS "COMUNISTAS" TAMBIÉN ESTÁ "LA UNIÓN", Y LUEGO "LOS ROJOS" QUE...

¡SOCORRO!..

¿?

¿VOS ME DIJISTE AYER QUE EN VIETNAM LUCHAN LOS NORTEAMERICANOS?

SÍ

¡QUÉ CASUALIDAD! EN MIS REVISTAS DE HISTORIETAS TAMBIÉN LUCHAN SIEMPRE ELLOS

¿LUCHAN CONTRA LOS ROJOS?

BUENO,.... CONTRA LOS PIELES ROJAS

¡MIRÁ POR DÓNDE VIENE A ENTERARSE UNO DE QUE LOS INDIOS SON COMUNISTAS!

©QUINO

¡ES TERRIBLE VER QUE A LA GENTE LE IMPORTA MÁS CUALQUIER SERIE DE T.V. QUE EL LÍO DE VIETNAM!

Y BUENO..

43

SERÁ TERRIBLE, PERO TAMBIÉN ES LÓGICO.

¿PORQUÉ?

PORQUE A LA GENTE, EN REALIDAD NO LE INTERESA UNA LUCHA ENTRE MALOS Y BUENOS..

..SI NO SABE CÓMO SE LLAMA "EL MUCHACHO".

¿TE PUEDO HACER UNA PREGUNTA, PAPÁ?

¡NO!

44

¡TUS PREGUNTAS SIEMPRE TRAEN PROBLEMAS! ¡YA LAS CONOZCO!

¡BUENO, BUENO!.. ¡ESTÁ BIEN!..

¡TE QUEDARÁS CON LA DUDA DE **QUÉ** ES LO QUE QUERÍA PREGUNTARTE!

¡SIEMPRE SERÁ MEJOR!

¿MAFALDITA? ¿DORMÍS?

¡CÓMO, MANOLITO!... ¿EN ESTA ÉPOCA Y CON SANDALIAS?

45

ES QUE EN EL ALMACÉN ESTAMOS DE INVENTARIO

Y COMO PARA TODO LO QUE HAY QUE CONTAR NO ME BASTAN LOS DEDOS DE LAS MANOS, ME PONGO...

...ÉSTAS, QUE MÁS QUE SANDALIAS PARA MÍ SON UNA I.B.M.

20

¿LOS GATOS A QUÉ SECTOR DE LA DEMOCRACIA REPRESENTAN?

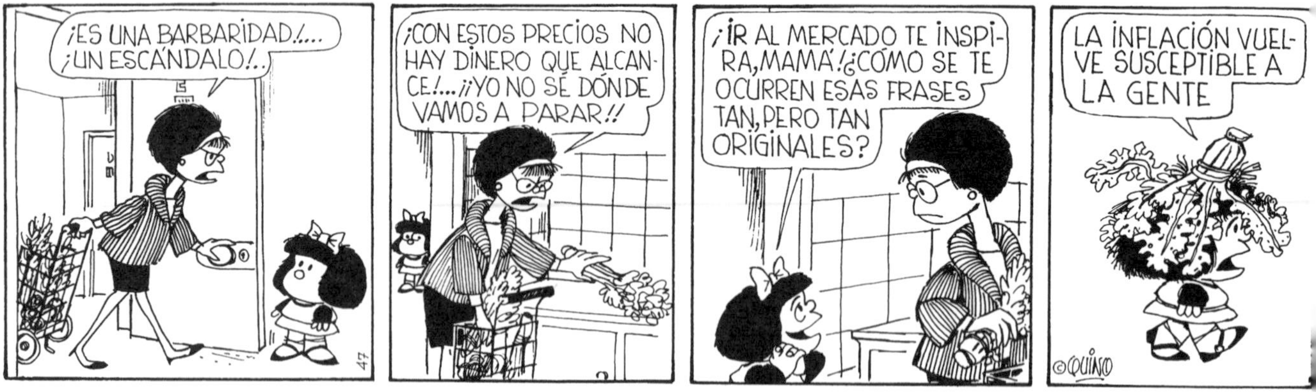
¡ES UNA BARBARIDAD!... ¡UN ESCÁNDALO!...
¡CON ESTOS PRECIOS NO HAY DINERO QUE ALCANCE!... ¡¡YO NO SÉ DÓNDE VAMOS A PARAR!!
¡IR AL MERCADO TE INSPIRA, MAMÁ! ¿CÓMO SE TE OCURREN ESAS FRASES TAN, PERO TAN ORIGINALES?
LA INFLACIÓN VUELVE SUSCEPTIBLE A LA GENTE
©QUINO

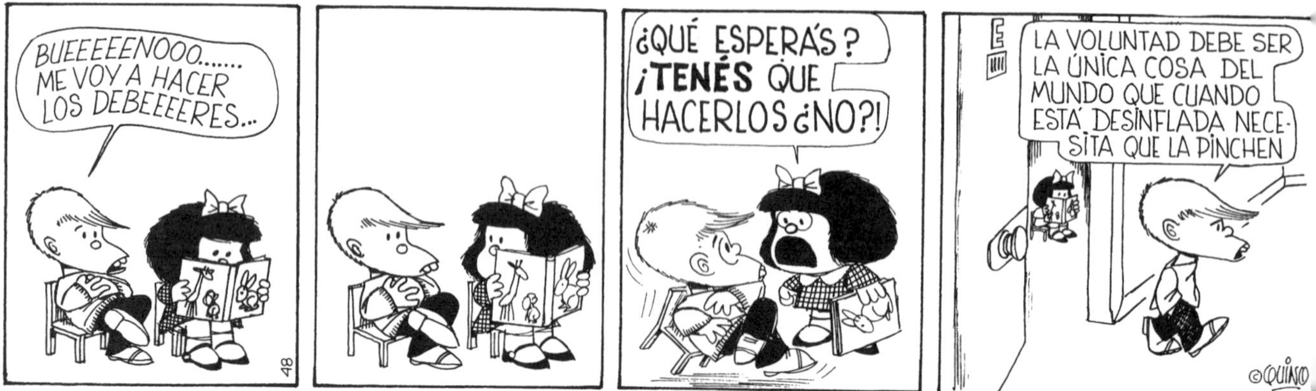
BUEEEEENOOO....... ME VOY A HACER LOS DEBEEEERES...
¿QUÉ ESPERÁS? ¡TENÉS QUE HACERLOS ¿NO?!
LA VOLUNTAD DEBE SER LA ÚNICA COSA DEL MUNDO QUE CUANDO ESTÁ DESINFLADA NECESITA QUE LA PINCHEN
©QUINO

MI MUÑECO ES MUY INTELIGENTE; APRETÁNDOLE LA BARRIGA DICE "MAMÁ"

DEBE SER EXTRANJERO ¿NO?

NO SÉ. ¿POR?

PORQUE SI FUERA DEL PAÍS, AL **APRETARLE LA BARRIGA**....

...GRITARÍA: "¡HUELGA!"

¿QUÉ VAS A SER CUANDO LLEGUES A GRANDE, SUSANITA?

¡VOY A SER MADRE!

TU PAPÁ ES MUY ORIGINAL PARA ECHARSE A DESCANSAR

¡LÍOS EN TODAS PARTES!...¡QUÉ MAL ANDA EL MUNDO!

¿Y QUIÉN ES EL CULPABLE, EH? ¡QUE APAREZCA EL CULPABLE Y VERÁ LA QUE LE DOY!

¡EL MUNDO HACE SIGLOS QUE ANDA MAL! ¿OÍSTE? ¡SIGLOS!

¡ENTONCES EL CULPABLE DEBE HABERSE MUERTO! ¡¡EL MUY COBARDE!!...

¿NO TE PARECE SUSANITA QUE VIVIMOS EN UN MUNDO MUY COMPLICADO?

A MÍ ME RESULTA MUY SENCILLO, ES UN MUNDO DE PADRES E HIJOS

TODOS LOS HABITANTES DEL GLOBO SON PADRES O HIJOS DE ALGUIEN ¡Y ESO ES TODO!

ESTA NENA ME HACE SENTIR VIEJA

CUANDO VOS ERAS CHICO, ¿QUÉ PROGRAMA DE TELEVISIÓN TE GUSTABA MÁS?

CUANDO YO ERA CHICO NO HABÍA TELEVISIÓN

¿NOO?

¿Y ENTONCES **PARA QUÉ** ERAS CHICO? ¡QUÉ TONTO!..

¡APURATE, FELIPE! NO QUIERO PERDER EL NOTICIOSO. ¡SEGURO DIRÁN ALGO DEL "MARINER" Y LAS FOTOS DE MARTE!

¡VIDA EN MARTE! ¿NO ES SORPRENDENTE QUE HAYA VIDA EN OTROS PLANETAS?

"...Y BOMBARDEARON INTENSAMENTE VIET-NAM DEL NORTE.- GINEBRA: NO SE LLEGA A UN ACUERDO SOBRE DESARME NUCLEAR.- JORDANIA: UN NUEVO TIROTEO CON TROPAS DE ISRAEL!..."

LO SORPRENDENTE ES QUE HAYA VIDA EN **ESTE** PLANETA

SAQUÉ ENTRADAS PARA IR LOS TRES A UN TEATRO INFANTIL

¡FANTÁSTICO!

YO CREO QUE A MAFALDA LE VA A GUSTAR. SON TODOS BUENOS ACTORES, Y DICEN QUE EL ESPECTÁCULO ES MUY DIVERTIDO

¡EH, MAFALDA! ¡ADIVINÁ ADÓNDE TE VAMOS A LLEVAR!

YA OÍ: AL CONGRESO

¡QUÉ FOTOGÉNICO HABÍA RESULTADO MARTE! ¿EH? ¡MUY FOTOGÉNICO!

¡Y LOS O.V.N.I.S TAMBIÉN, POR SUPUESTO! ¡MUY LINDOS!

¿TE HAS VUELTO TONTO, FELIPE?

¡SSSHH!

CONVIENE IR CAYÉNDOLES SIMPÁTICOS

¿HAS VISTO ALGUNA VEZ UN MUÑECO TAN INTELIGENTE COMO EL MÍO, MANOLITO?

MA-MÁ

105

$

¡MAMÁ, ESTA LECHE TIENE NATA!

106

¡SIEMPRE IGUAL! ¿AL SERVIRLA NUNCA TE FIJAS SI TIENE NATA?

¿O ESTÁS CONTRA EL CONTROL DE LA NATALIDAD?

¡ES ABSURDO! ¡LAS PALANGANAS VOLADORAS NO EXISTEN!

¡YA LO SÉ!

¿ENTONCES PORQUÉ NO JUGÁS A LOS PLATOS VOLADORES?

¡PORQUE EN UN PLATO NO QUEPO, PAPANATAS!

SUSANITA, OLVIDÓ AQUÍ A SU HIJITO

MA-MÁ

¿Y SI NO FUNCIONA, DE QUÉ SIRVE TENER HECHA LA INSTALACIÓN?

¡ESTE MALDITO ME ESTÁ GANANDO!

421

SEGÚN EL REGLAMENTO, ¿HAY ALGÚN CASO EN QUE SE PUEDA MOVER **MÁS** DE **UNA** PIEZA POR VEZ?

SÓLO EN EL ENROQUE

¡TOC!

EL REGLAMENTO DEBIERA CONTEMPLAR **OTROS** CASOS

¡MAFALDA... TENÉS "PULGARCITO"! ¿PUEDO LEERLO?

POR SUPUESTO

422

En una modesta casita vivía una familia muy pero muy pobre..........

¡PAF!

?

¡ME REVIENTA LA LITERATURA TESTIMONIAL!

¡LO QUE NECESITAMOS EN ESTE PAÍS ES SABER APROVECHAR LOS RECURSOS NATURALES!

423

¡TENEMOS A LA VISTA *INSOSPECHADOS* RECURSOS NATURALES!...

.... Y ES HORA DE QUE LOS APROVECHEMOS!

BRILLANTE IDEA, MANOLITO

Mi querido Diario Íntimo: Hoy me levanté muy contenta,....

424

.....por lo que creo que durante el día mi estado de ánimo será bueno.......

SNIF SNIF

.....desmejorando hacia el mediodía, con probabilidades de sopa.

hoy jugué un partido de ping-pong con Felipe, pero....

.....estuve hecha una pichiruchi y perdí por 9 a 20.

425

ÚNICO DIARIO ÍNTIMO CON SUPLEMENTO DEPORTIVO

¿QUÉ ES ESA LIBRETITA, MAFALDA?

NADA,.... MI DIARIO ÍNTIMO

426

¿TU DIARIO ÍNTIMO? ¡QUÉ BUENO! ¡ME IMAGINO LAS "COSITAS" QUE DIRÁS AHÍ SOBRE MANOLITO, FELIPE Y ETCÉTERA! ¿NO? ¡CONFESÁ! ¿NOOO?

¡PARA QUE SEPAS, EN MI DIARIO NO DIGO NINGUNA "COSITA" SOBRE MANOLITO, NI FELIPE, NI ETCÉTERA!

¿NO?

¡NO!

¿Y NO ACEPTARÍAS COLABORACIONES ESPONTÁNEAS?

ESO QUE A UD. NO LE SIRVE,... ¡EMAÚS LO NECESITA!... LLÁMENOS A 00-4849 Y SE LO AGRADECEREMOS

427

NO; NO CREO QUE EMAÚS NECESITE DIRIGENTES POLÍTICOS

ME PREOCUPA MI MAMÁ

DICE QUE ESTÁ CANSADA DE FREGAR TODO EL DÍA EN LA CASA.

428

PERDÓN, MIGUELITO, ¿NO DIRÁ: "TODO EL SANTO DÍA"?

SÍ; ES VERDAD; DICE: "TODO EL SANTO DÍA" ¿CÓMO SABES?

BUENO, TENGO CIERTOS CONOCIMIENTOS SOBRE FOLKLORE MATERNO

NO DEBÉS AMARGARTE POR LAS PROTESTAS DOMÉSTICAS DE TU MAMÁ, MIGUELITO. TODAS LAS MADRES SE LA PASAN DICIENDO SIEMPRE LO MISMO....

429

"¡AL FINAL UNA SE CASÓ PARA HACER DE SIRVIENTA! ¡PARA ESO SE CASÓ UNA!"

"¡PERO YA VERÁN!... ¡EL DÍA MENOS PENSADO ME CANSO Y NO SÉ QUÉ ES LO QUE HAGO! ¿EHÉ? ¡NO LO SÉ!"

SI ALGUIEN HUBIERA REGISTRADO TODO ESO, GANARÍA MILLONES POR DERECHOS DE AUTOR

CON MOTIVO DE CELEBRARSE HOY EL DÍA DE LA INDEPENDENCIA NACIONAL, TODAS LAS HISTORIETAS DEL PAÍS CONECTAN SUS CUADRITOS EN CADENA CON ESTA HISTORIETA

430

¡VIVA LA PATRIA!

A PARTIR DE ESTE INSTANTE, LAS HISTORIETAS INTEGRANTES DE ESTA CADENA, CONTINÚAN CON SUS RESPECTIVOS CUADRITOS

GRACIAS

EL PROBLEMA DE MUCHOS PAÍSES ES HABER TENIDO CASI SIEMPRE GOBIERNOS-CARAMELO

¿GOBIERNOS-CARAMELO? ¿Y QUÉ DEMONIOS ES UN GOBIERNO-CARAMELO?

¿A VOS CUÁNTO TE DURA UN CARAMELO, MIGUELITO?

COMPRENDO

¿NO ES SORPRENDENTE QUE MANOLITO, CON LO BESTIA QUE ES, HAYA ASIMILADO TAN BIEN LOS SECRETOS DEL AJEDREZ?

¿QUÉ?

¡TE COMO EL PEÓN, FELIPE! ¡GOOOOL!

¡GOOOOOOOOOOOOOOOLL!

¿QUÉ?

¡NADA!

Querido Diario Íntimo: hoy hice renegar a mi mamá. Reconozco que me porté muy mal y que.....

...mi mamá es buena y que yo la hago rabiar mucho y que toda la culpa es mía y nada más que mía.

433

(La Dirección de este Diario Íntimo aclara que sólo se limita a publicar estas notas, sin compartir por eso el criterio de su autora.)

REINA LA MÁS ABSOLUTA TRANQUILIDAD

434

LOS MANDOS ESTÁN ABOCADOS A SUS TAREAS ESPECÍFICAS

ERA UNA PENA NO DARLE UN GOLPE DE ESTADO A LOS BOMBONES

¡BANG! ¡BANG! ¡Y BANG!

¿CÓMO "Y" BANG? ¿DÓNDE VISTE QUE UN REVÓLVER DIGA "Y"?

¡UN REVÓLVER PUEDE DECIR "BANG!", "PANG!" E, INCLUSIVE, "PÚNG!", PERO NUNCA "Y"!

¿A QUIÉN PUEDE INTERESARLE JUGAR A LOS "COWBOYS" CON DON JOSÉ MARÍA PEMÁN?

CUANDO UNO SE MUERE, ¿ADÓNDE IRÁ?

436

MI MAMÁ ME DIJO, QUE AL CIELO

¿TE CONTÓ DETALLES DEL LANZAMIENTO?

HAY ALGO QUE NO ENTIENDO

437

SI CUANDO UNO SE MUERE SE VA AL CIELO....

¿QUÉ DEMONIOS VIENE A SER EL CEMENTERIO?

¡¿UNA ESPECIE DE CABO KENNEDY?!

VOS ME DIJISTE QUE CUANDO UNO SE MUERE SE VA AL CIELO, ¿NO?

SÍ, ¿POR?

438

PORQUE HAY ALGO QUE NO ENTIENDO; POR EJEMPLO: ¿CÓMO HACEN LOS GORDOS PARA TOMAR SEMEJANTE ENVIÓN?

¡PERO NO, MIGUELITO!.... EL ASUNTO ES ASÍ: AL CIELO SUBE NADA MÁS QUE EL ALMA; EL CUERPO LO DEJAMOS AQUÍ.

¡CÓMO!....¡¿O SEA QUE EL ENVASE HAY QUE DEVOLVERLO?!

¡AJAJHAÁÁ! ¡JAQUE!

¡GANÉ! ¡JAQUE AL REY!

EL REY HA MUERTO ¡VIVA EL REY!

ANTE TANTA DIGNIDAD, ¿QUIÉN PUEDE ALEGRARSE DE HABER GANADO?

...RECUERDEN SIEMPRE, QUERIDOS MÍOS; AMEMOS MUCHO A NUESTROS PADRES...

...PUES A ELLOS LES DEBEMOS LA VIDA.

¿CUÁNTO ES?

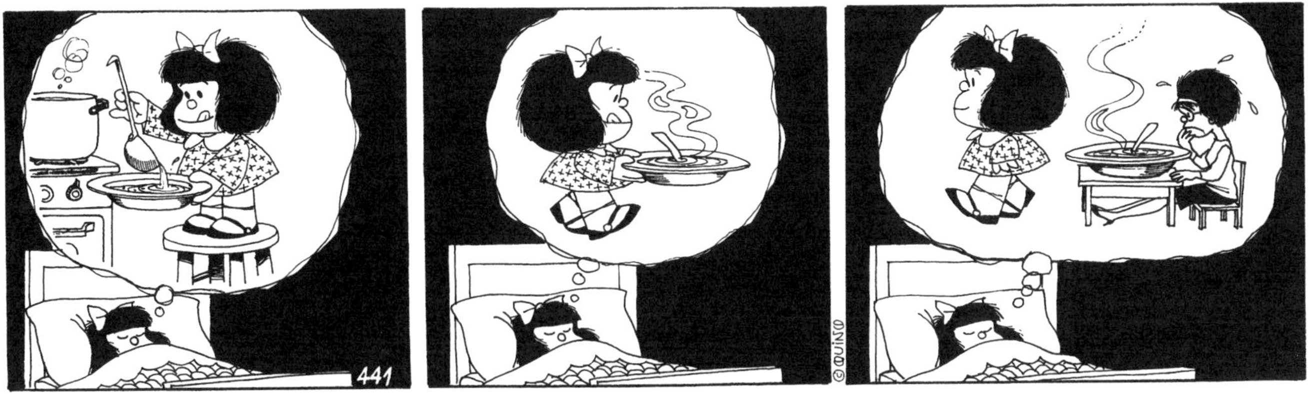
441
©QUINO

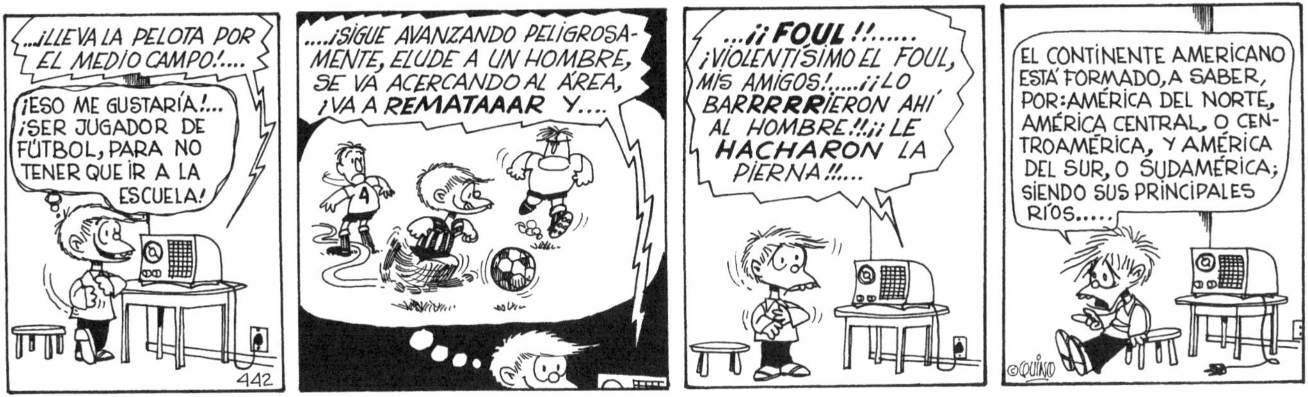
...¡LLEVA LA PELOTA POR EL MEDIO CAMPO!....
¡ESO ME GUSTARÍA!... ¡SER JUGADOR DE FÚTBOL, PARA NO TENER QUE IR A LA ESCUELA!
442
....¡SIGUE AVANZANDO PELIGROSAMENTE, ELUDE A UN HOMBRE, SE VA ACERCANDO AL ÁREA, ¡VA A REMATAAAR Y....
4
...¡¡FOUL!!...... ¡VIOLENTÍSIMO EL FOUL, MIS AMIGOS!.....¡¡LO BARRRRRIERON AHÍ AL HOMBRE!!..¡¡LE HACHARON LA PIERNA!!...
EL CONTINENTE AMERICANO ESTÁ FORMADO, A SABER, POR: AMÉRICA DEL NORTE, AMÉRICA CENTRAL, O CENTROAMÉRICA, Y AMÉRICA DEL SUR, O SUDAMÉRICA; SIENDO SUS PRINCIPALES RÍOS.....
©QUINO

¿QUÉ LE OCURRE A MANOLITO?

COMETIÓ UNA DE SUS BESTIALIDADES EN LA ESCUELA Y SACÓ MALA NOTA

NO DEBERÍA AFLIGIRSE POR ESO. TODOS TENEMOS NUESTRAS BESTIALIDADES DE VEZ EN CUANDO

SÍ, PERO LO MALO DE MANOLITO ES QUE PARECE SER UN BESTIA FULL-TIME

443

444

¡BANG!

"BIENVENIDO"
¡QUÉ LINDO FELPUDO, MIGUELITO!

YO LO ODIO

¿LO ODIÁS?

¿POR QUÉ?

¿LLEGASTE, MIGUELITO? ¡A QUE YA ESTÁS CAMINANDO SIN PATINES!...¿NO? ¡CLARO!...¡TOTAL, LA QUE SE DESLOMA TODO EL SANTO DÍA ENCERANDO LOS PISOS SOY YO;¡LA ESTÚPIDA!

¡PORQUE ES EL FELPUDO MÁS HIPÓCRITA QUE VI EN MI VIDA!

445

HE OÍDO POR AHÍ QUE NACEMOS DENTRO DE UN REPOLLO. ¿VOS QUÉ OPINÁS?

446

QUE NOS TRAE LA CIGÜEÑA, MIGUELITO. ESO DEL REPOLLO ES UNA PATRAÑA SIN PIES NI CABEZA

SERÁ COMO VOS DECÍS, PERO LO QUE ES YO,...¡EN MI VIDA VUELVO A PROBAR CHUCRUT!

¿VOS QUÉ OPINÁS, MANOLITO: NACIMOS DENTRO DE UN REPOLLO, O NOS TRAJO LA CIGÜEÑA?

447

¡JHÁ!..¡PERO MIRÁ LO QUE LE VENÍS A PREGUNTAR A ESTE ADOQUÍN!.....¡ESOS TEMAS SON DEMASIADO PROFUNDOS PARA ESTE BESTIA!

ES VERDAD, MIGUELITO. ESO DE NACER Y MORIR NO ME PREOCUPA. A MÍ ME INTERESA LA VIDA; NO LAS PUNTAS DE LA VIDA

¡JHÁ!

¿Y SI FUERA VERDAD QUE NACEMOS DENTRO DE UN REPOLLO?

448

¿POR QUÉ TIENE QUE SER **CIERTO** LO DE LA CIGÜEÑA Y **FALSO** LO DEL REPOLLO?

¡AL FIN DE CUENTAS UN REPOLLO TIENE TANTA O MÁS VALIDEZ CIENTÍFICA QUE UNA CIGÜEÑA!

¿Y DE DÓNDE SACAN REPOLLOS PARA NACER LOS ESQUIMALES, MIGUELITO?

LOS ESQUIMALES SON LA MEJOR PRUEBA DE QUE NOS TRAE LA CIGÜEÑA, MIGUELITO

SI NACIÉRAMOS DENTRO DE UN REPOLLO LOS ESQUIMALES NO EXISTIRÍAN, PORQUE DECIME, ¿VOS CREÉS QUE EN EL POLO HAY REPOLLOS?

¡Y QUÉ SÉ YO! ¡CON TANTO MERCADO COMÚN!...

449

¡NO SÉ PARA QUÉ CUERNOS VENGO A LA PELUQUERÍA!

¡NO SÉ PARA QUÉ RECUERNOS VOY A LA PELUQUERÍA!

450

VEO MUCHAS REVISTAS DE FOTONOVELAS,...

451

...Y VEO BAILES EN UN CLUB DE BARRIO Y LUEGO UN CASAMIENTO,..

...Y DESPUÉS VEO FREGAR Y FREGAR EN LA CASA, HASTA SER UNA VIEJITA

¡PENSAR QUE ESO ES TODO LO QUE VEN LAS MUJERES QUE MIRAN LA VIDA A TRAVÉS DE UN RULERO!...

DECIME, MAFALDA, ¿VOS CREÉS QUE EL HAMBRE EN EL MUNDO SE SOLU- CIONARÍA DÁNDOLE UN CARAMELO A CADA PERSONA HAMBRIENTA?

452

A MÍ SE ME OCURRE QUE NO. ¿POR QUÉ LO PREGUNTÁS?

BUENO,...¡PORQUE TE IMAGINÁS QUÉ LINDO CARGO DE CONCIENCIA! ¿NO?

UN PRIMO MÍO, QUE SABE INGLÉS ME TRADUJO ALGUNAS CANCIONES DE "LOS BEATLES"

¿A VER?

453

¿TENÉS UN LÁPIZ? AQUÍ HAY UNA FRASE QUE QUISIERA COPIAR

¡SEGURO!

"CUANDO TE VI, CON ÉL, SENTÍ QUE MI FUTURO SE DERRUMBABA"

SÓLO UNOS GENIOS COMO "LOS BEATLES" PODÍAN INTERPRETAR TAN BIEN LO QUE SENTÍ LA PRIMERA VEZ QUE VI A MI MAMÁ CON UN PLATO DE SOPA

SE REUNIERON HOY EL PRIMER MINISTRO INGLÉS Y EL SECRETARIO GENERAL DE LA **UN**

454

ME IMAGINO QUE TRATARÍAN EL PROBLEMA DEL DESARME

AMBOS FUNCIONARIOS TRATARON EL PROBLEMA DEL DESARME

DESPUÉS DICEN QUE LA **TV** NOS ATROFIA LA IMAGINACIÓN

DECIME, FELIPE, ¿VOS CREÉS REALMENTE QUE LA **TV** NOS ATROFIA LA IMAGINACIÓN A LOS CHICOS?

455

BUENO, NO SÉ; NUNCA HE PENSADO EN EL ASUNTO

¿Y SI FUERA CIERTO QUE LA **TV** NOS ATROFIA LA IMAGINACIÓN A LOS CHICOS?

¿EÉH?

456

¿EEH? ¿Y SI FUERA CIERTO?

458

¡ !

457

¡ACABO DE DESCUBRIR QUE EN EL ESPEJO LAS COSAS SE VEN AL REVÉS! ¡ES TERRIBLE!

¿POR QUÉ ES TERRIBLE?

PORQUE ESO QUIERE DECIR QUE CUANDO UNO SE MIRA AL ESPEJO,... ¡SE VE AL REVÉS DE COMO REALMENTE ES!

¡VAMOS, MIGUELITO!... ¡PARA ESO NO HACE FALTA MIRARSE AL ESPEJO!

MIGUELITO TIENE RAZÓN: EN EL ESPEJO LAS COSAS SE VEN AL REVÉS

LA DERECHA VIENE A SER LA IZQUIERDA...

...Y LA IZQUIERDA VIENE A SER LA DERECHA

¡QUÉ CONTUBERNIO!

¡¿DE DÓNDE CUERNOS SACASTE ESO DE QUE EN EL ESPEJO UNO SE VE AL REVÉS DE COMO ES?!

HOA, BAFADDA ¿CÓHO E VA? ¿UÁNDO COD E AUDIDO?

BE USDAÍA EDADBE A UAD COD VOS, PEO BI BABÁ BE BANDÓ A DA ECHEÍA

HASDA UÉO

AÚN ESTÁ POR ESCRIBIRSE UN DICCIONARIO "CARAMELO-ESPAÑOL ESPAÑOL-CARAMELO"

¿HAS LEÍDO ESTO? AQUÍ DICE QUE LA **TV** ES UN VEHÍCULO DE CULTURA

461

¿UN VEHÍCULO DE CULTURA?

AJHÁ

¡TOMA!

¡BANG! ¡BANG!

¡AUGGH!

¡YO QUE LA CULTURA, ME BAJABA Y SEGUÍA DE A PIE!

ZAPATERÍA

462

boutique

Sastrería

DECIME, MAMÁ ¿VOS ESTÁS SEGURA DE QUE ESTAMOS CAMINANDO PARA ADELANTE?

TEJIDOS

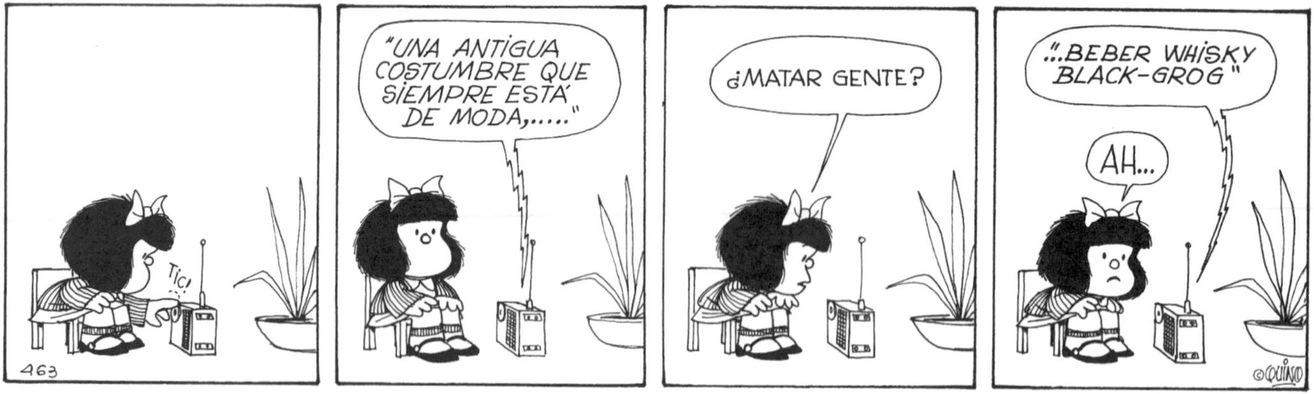
TIC!
"UNA ANTIGUA COSTUMBRE QUE SIEMPRE ESTÁ DE MODA,....."
¿MATAR GENTE?
"...BEBER WHISKY BLACK-GROG"
AH...
463
©QUINO

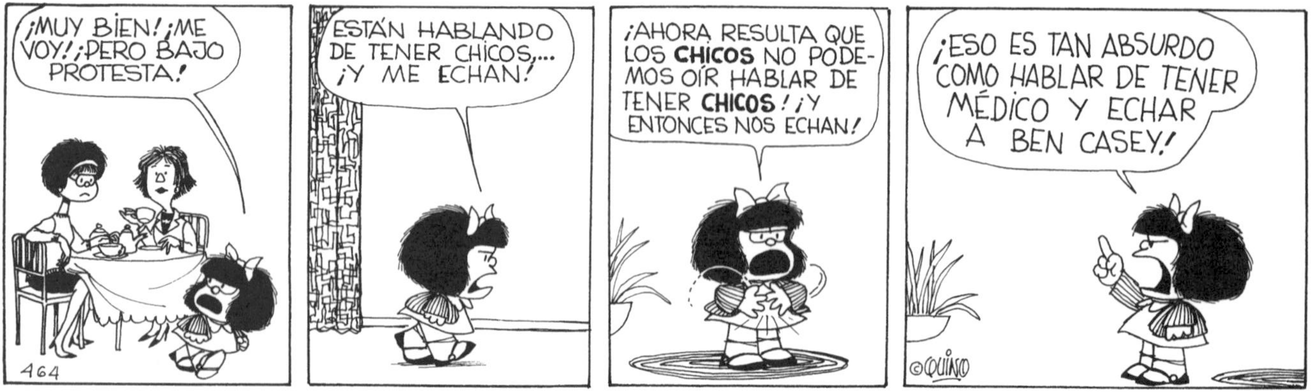
¡MUY BIEN! ¡ME VOY! ¡PERO BAJO PROTESTA!
ESTÁN HABLANDO DE TENER CHICOS,... ¡Y ME ECHAN!
¡AHORA RESULTA QUE LOS **CHICOS** NO PODEMOS OÍR HABLAR DE TENER **CHICOS**! ¡Y ENTONCES NOS ECHAN!
¡ESO ES TAN ABSURDO COMO HABLAR DE TENER MÉDICO Y ECHAR A BEN CASEY!
464
©QUINO

FRANCAMENTE, TU PAPÁ ES BASTANTE TONTO. ¿NO SABE QUE HAY MEJORES NEGOCIOS QUE ESTE DE LAS PLANTAS?

465

¿NEGOCIO? PARA MI PAPÁ, LAS PLANTAS NO SON UN NEGOCIO, MANOLITO, SINO UN ENTRETENIMIENTO

¡CÓMO!...¿NO LAS VENDE?

¡PERO NO, HOMBRE!

¡DIOS MÍO!¿CÓMO SE PUEDE SER TONTO Y, ENCIMA, AD-HONOREM?!

GOLOSINAS

466

HOLA, MIGUELITO, ¿CÓMO TE VA?

ÑIEN, AMGHÍ ESFOY, OMENDO CAAMFELHO

?

MGÜÉS TEFOEONTU HASA, ¿MMFFÍ? ZSCHAO

?

ES RARO QUE NADIE HAYA SEÑALADO LA IMPORTANCIA DE LOS CARAMELOS EN EL PROBLEMA DE LA INCOMUNICACIÓN HUMANA

¡TRAJE A MAFALDA PARA JUGAR AQUÍ, MAMÁ!

467

¡LOS PATIIIIINES!.. ¡A QUE ESTÁN CAMINANDO SIN PATINES Y ESTROPEANDO EL PARQUET!..

¡NO JUEGUEN NI EN EL LIVING NI EN EL COMEDOR, ¿EH?

¡AH! Y OTRA COSA.......

¡NO DEJEN LUEGO TODOS LOS JUGUETES TIRADOS POR AHÍ? ¡GUÁRDENLOS! ¡YA LO SABEN!

MI ÚNICA ESPERANZA ES QUE EN EL SERVICIO MILITAR ME COMPUTEN TODO ESTO Y ME LARGUEN ENSEGUIDA

"La Bondad es algo natural en el hombre."

468

¿Y LA MALDAD? ¿NO ES TAMBIÉN NATURAL?

NO. DEBE SER DE ALGUNA DE ESAS FIBRAS ARTIFICIALES QUE ESTÁN TAN DE MODA EN TODO EL MUNDO

469

¡ATCHÍÍSS!

¡RESFRIARME!.... ¡ESO ES LO ÚNICO QUE ME FALTA!...

...ADEMÁS DE INTELIGENCIA, GRACIA, SENSIBILIDAD, INGENIO, TACTO, ELEGANCIA, HABILIDAD, FINEZA, BUEN GUSTO, SENSATEZ, IMAGINACIÓN, CULTURA, ETCÉTERA

LE HE PRESTADO MIS REVISTAS A MANOLITO, PARA QUE SE DISTRAIGA UN POCO DE SU GRIPE

470

AT,...AAAT.....

¡¡NO ESTORNUDES DELANTE DE LA...!

..CHÍÍÍSSS!

REV....

¡TARDE!

¡MALDITA GRIPE!... ¡TENÍA QUE DARME JUSTO A MÍ!

¡VAMOS, MANOLITO!... LA GRIPE LES DA A GRANDES Y CHICOS, A GORDOS Y FLACOS, A POBRES Y RICOS, A NEGROS Y BLANCOS... ¡A TODOS!

PUES PODRÍA IRSE AL CUERNO CON SU DEMOCRACIA

ALMACÉN "DON MANOLO"

¿CÓMO VA LA GRIPE, MANOLITO?

AL SALIR DE LA ESCUELA SE NOS OCURRIÓ VENIR A VISITARTE Y VER SI NECESITAS ALGO

SÍ, QUISIERA PEDIRLES UN UN FAVOR

¿CUÁL ES? LO HAREMOS CON MUCHO GUSTO

NO SE VAYAN SIN COMPRAR ALGO. ¡ALMACÉN "DON MANOLO" VENDE BARATÍSIMO!

¡MANOLITO ESTÁ EN CAMA CON GRIPE, DE ACUERDO! PERO,... ¿PARA QUÉ VAS A VISITARLO CON ESE CASCO ESPACIAL?

PARA EVITAR EL CONTAGIO

¿QUÉ PASA SI VOY SIN CASCO Y ME CONTAGIA?

¡SI TE CONTAGIA, MALA SUERTE! ¡LA AMISTAD EXIGE CIERTOS SACRIFICIOS!

NO VEO QUE TENGA NADA DE MALO DARLES UN TOQUE MODERNO A LOS SACRIFICIOS

¡LO CONTENTOS QUE SE VAN A PONER FELIPE, SUSANITA Y MAFALDA CUANDO ME VEAN LEVANTADO!

¡AMIGOS!...¡ME HE SACADO ESA MALDITA GRIPE DE ENCIMA!.... ¿DÓNDE ESTÁN TODOS?

¿CUÁNTA GENTE ENGRIPADA COMO NOSOTROS CREÉS QUE HABRÁ EN EL MUNDO, MAFALDA?

NO SÉ. SUPONGO QUE MUCHA ¿POR QUÉ?

Y,... QUÉ SÉ YO.... SIEMPRE CONSUELA UN POCO SABER QUE UNO NO ESTÁ SOLO ¿NO TE PARECE?

SÍ; AUNQUE FRANCAMENTE, EN ESTE CASO NO SÉ PARA QUÉ CUERNOS PUEDE SERVIRNOS EL SINDICALISMO

A MÍ, LO QUE ME GUSTA DE LA GRIPE ES **NO** TENER QUE IR A LA ESCUELA

QUÉ QUERÉS QUE TE DIGA, FELIPE....

YO PREFIERO IR A LA ESCUELA, ESTUDIAR Y HACER DEBERES....

...EN LUGAR DE TENER QUE SOBRELLEVAR ESTA INCULTURA A VIRUS

ME ENTERÉ QUE ESTU-VISTE EN CAMA CON GRIPE PERO MI MAMÁ NO ME DEJÓ IR A VISITARTE POR MIEDO A QUE ME CONTAGIARA

Y YO, CON MIS AHORROS, HABÍA COMPRADO UNA CAJA DE GALLETITAS PARA LLEVARTE,... ¡ASÍ QUE ME PESQUÉ UNA RABIETA,... PERO UNA RABIETA!....

SOS MUY AMABLE, MIGUELITO, PERO NO TE HUBIERAS MOLESTADO EN COMPRARME ESAS GALLETITAS

BUENO,...NO,... SÍ...¡EN FIN!...

....¡HAY QUE VER EL HAMBRE QUE ME DAN A MÍ LAS RABIETAS!

Fa-Fe-Fi-Fo-Fu
fama-febo-fino
foca-fuego

Ese roble es fuerte
Esa niña es Felisa
Ese niño es Fidel

¡ESE NIÑO ES ANTIDEMOCRÁTICO!

MAMÁ, ¿PUEDO DECIRTE QUE ESTA SOPA ES UN BREBAJE ESPANTOSO?

¿EHÉ?

479

¿Y QUE ES LA PORQUERÍA MÁS INMUNDA QUE HE PROBADO EN MI VIDA?

©QUINO

¿O TE MOLESTA LA CRÍTICA CONSTRUCTIVA?

MIRÁ, ESTO ES EL MUNDO ¿VES?

480

¿SABÉS POR QUÉ ES LINDO ESTE MUNDO? ¿EHÉÉ?

PORQUE ES UNA MAQUETA

¡EL ORIGINAL ES UN DESASTRE!

©QUINO

VOY AL MERCADO Y VUELVO, ¡NO LE ABRAS LA PUERTA A NADIE, POR MÁS QUE LLAME, ¿EH?

BUENO

481

¡MAMÁ!...

¿Y SI ES LA FELICIDAD?

PAPÁ, ¿DÓNDE VIVE LA GENTE QUE TODAVÍA NO NACIÓ?

482

ES GENTE QUE NO EXISTE, MAFALDA. ASÍ QUE NO VIVE EN NINGÚN LADO. ¿POR QUÉ?

AAAH... NO, POR NADA

Antes de venir, ¡Piénsenlo!

LO QUE NOS HACE FALTA EN ESTE ALMACÉN ES UNA INVESTIGACIÓN DE MERCADO

483

YA MISMO VOY A PREGUNTAR A LA GENTE POR LA CALLE: *"¿COMPRA UD. EN ALMACÉN **DON MANOLO, SÍ** O **NO?**"*

A LOS QUE CONTESTEN **SÍ**, LOS ANOTO EN ESTA COLUMNA; Y A LOS QUE CONTESTEN **NO**.....

484

¿QUÉ HACÉS AHÍ SENTADO, MIGUELITO?

PUES AQUÍ ESTOY, ESPERANDO ALGO DE LA VIDA

Viñeta 1: NO ENTIENDO, MIGUELITO ¿QUÉ QUIERE DECIR ESO DE QUE VAS A QUEDARTE AHÍ SENTADO ESPERANDO ALGO DE LA VIDA?

485

Viñeta 2: PUES ESO: QUE VOY A QUEDARME AQUÍ SENTADO, ESPERANDO QUE LA VIDA ME DÉ ALGO

Viñeta 4: ¿Y NO SERÁ QUE EL MUNDO ESTÁ LLENO DE MIGUELITOS Y POR ESO ANDA COMO ANDA?

Viñeta 5: ¡ES ABSURDO, MIGUELITO! ¿PENSÁS SEGUIR AHÍ SENTADO ESPERANDO ALGO DE LA VIDA?

SÍ

486

Viñeta 6: PERO, DECIME, ¿QUÉ ES LO QUE ESPERÁS DE LA VIDA? ¿EHÉ?

Viñeta 7: Y,...¡ALGO!...¡QUÉ SÉ YO!...NO TENGO PRETENSIONES. CUALQUIER COSA QUE ME DÉ LA VIDA ESTARÁ BIEN

Viñeta 9: ¡AMARRETA!

¿QUÉ HACE MIGUELITO AHÍ SENTADO?

DICE QUE ESTÁ ESPERANDO ALGO DE LA VIDA

487

¡MIRÁ QUE SOS TONTO! ¿VOS CREÉS QUE TODO ES CUESTIÓN DE QUE UNO SE SIENTE A ESPERAR, PARA QUE LA VIDA LE DÉ ALGO? ¿EHEEE?

SÍ

¿Y CUÁNTO TE PARECE QUE TENDREMOS QUE ESPERAR?

¡BANG! ¡BANG! ¡BANG! ¡BANG!

488

¡BANG! ¡BANG!

¡PÚM!

¡NO, NO y NO! ¡PUM NO SE USA MÁS! ¿QUIÉN ES EL OBSOLETO QUE DIJO PUM?

"SI UNA PERSONA NACE HOY, ¿CUÁNTOS AÑOS TENDRÁ DENTRO DE MEDIO SIGLO?"

50 años

ESO DE QUE ALGUIEN QUE NACE DESPUÉS QUE UNO SEA TAN VIEJO, DEPRIME A CUALQUIERA

489

?

CREMA de Belleza

¿Y?

490

CUANDO SEA GRANDE VOY A TRABAJAR DE INTÉRPRETE EN LA **U.N.**

491

Y CUANDO UN DELEGADO LE DIGA A OTRO:"¡*SU PAÍS ES UN ASCO!*," YO VOY A TRADUCIR:"*SU PAÍS ES UN ENCANTO*" Y...¡CLARO!, NADIE PODRÁ PELEARSE

¡Y SE ACABARÁN LOS LÍOS Y LAS GUERRAS Y EL MUNDO ESTARÁ A SALVO!

ESO SÍ; VOS PROMETEME QUE VAS A DURAR HASTA QUE YO SEA GRANDE, ¿EHÉ?

A MÍ LO QUE ME ENFERMA ES QUE UNO NACE, ¿Y QUÉ ES? ¡HIJO!... ¡UNO TIENE CINCO AÑOS ¿Y QUÉ ES? ¡HIJO!

492

¡UNO TIENE OCHO, DOCE, QUINCE, DIECINUEVE AÑOS, ¿Y QUÉ ES? ¡HIJO! ¡¡HIJO!! ¡SIEMPRE HIJO!!

¡RECIÉN COMO A LOS VEINTE AÑOS PARECE QUE UNO PUEDE LLEGAR A SER ¿QUÉ? ¡PADRE!

¿EN QUÉ ESCALAFÓN SE HA VISTO QUE UNO TENGA QUE TRAGARSE VEINTE AÑOS PARA ASCENDER AL GRADO INMEDIATO SUPERIOR?!

493

INDUDABLEMENTE, LA PRIMAVERA ES LO MÁS PUBLICITARIO QUE TIENE LA VIDA

¡MMMMMMMHHH! YA SE RESPIRA LA PRIMAVERA EN EL AIRE, MANOLITO, ¿SENTÍS?

494

?

¡SNiiiiiiiiiF!

NO

¿TE GUSTA LA PRIMAVERA, PAJARITO?

¡PIT PIT!

DECIME ¿TE GUSTA LA SITUACIÓN MUNDIAL?

¡PIT PIT!

POR UN MOMENTO PENSÉ QUE PIT-PIT QUERÍA DECIR **SÍ**

HE OÍDO DECIR POR AHÍ QUE LA PRIMAVERA ES LA ESTACIÓN DEL AMOR ¿VOS CREÉS QUE REALMENTE ES ASÍ?

496

SÍ, YO CREO QUE LA PRIMAVERA ES LA ESTACIÓN DEL AMOR

¿VALE DECIR QUE TENDREMOS QUE ARCHIVAR NUESTROS ODIOS HASTA EL VERANO?

...ES INNEGABLE QUE EL IMPULSO QUE ROCKEFELLER DIO A LAS....

497

¡OIGO NOMBRAR A ROCKEFELLER Y SE ME LLENAN LOS BOLSILLOS DE ENVIDIA!

¡QUÉ CASUALIDAD!... MI MAMÁ TIENE UN GOMERO IGUAL, IGUAL A ÉSTE, PERO DE PLÁSTICO

498

¡DE PLÁSTICO!

¡ENTONCES NO ES IGUAL, MIGUELITO!... ¡EL PLÁSTICO ES FRÍO, SIN VIDA, SIN GRACIA Y NUNCA SE LO PUEDE COMPARAR A ALGO NATURAL!

UD. MUÉSTREME UN AUTITO HECHO CON UN GOMERO Y LUEGO HABLAMOS

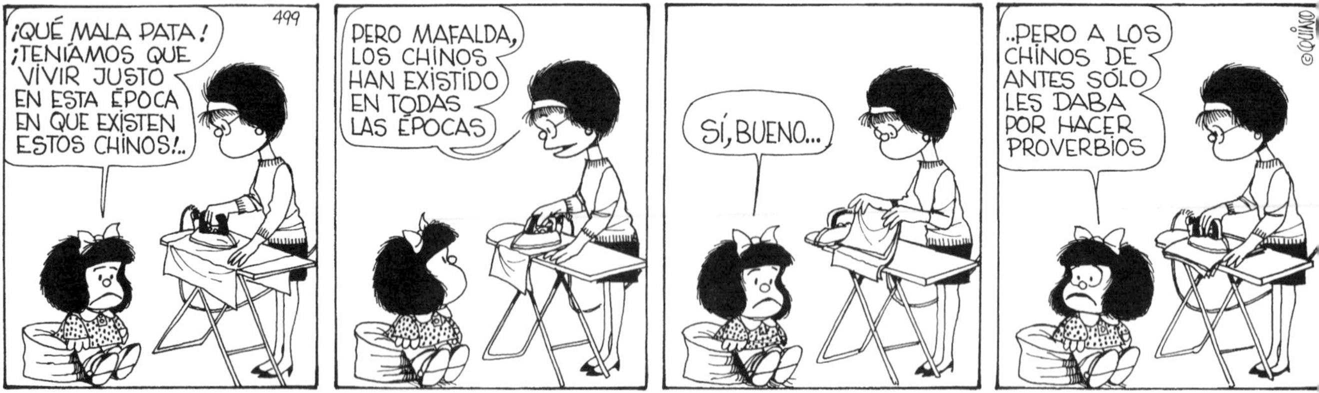
499
¡QUÉ MALA PATA! ¡TENÍAMOS QUE VIVIR JUSTO EN ESTA ÉPOCA EN QUE EXISTEN ESTOS CHINOS!..
PERO MAFALDA, LOS CHINOS HAN EXISTIDO EN TODAS LAS ÉPOCAS
SÍ, BUENO...
..PERO A LOS CHINOS DE ANTES SÓLO LES DABA POR HACER PROVERBIOS
© QUINO

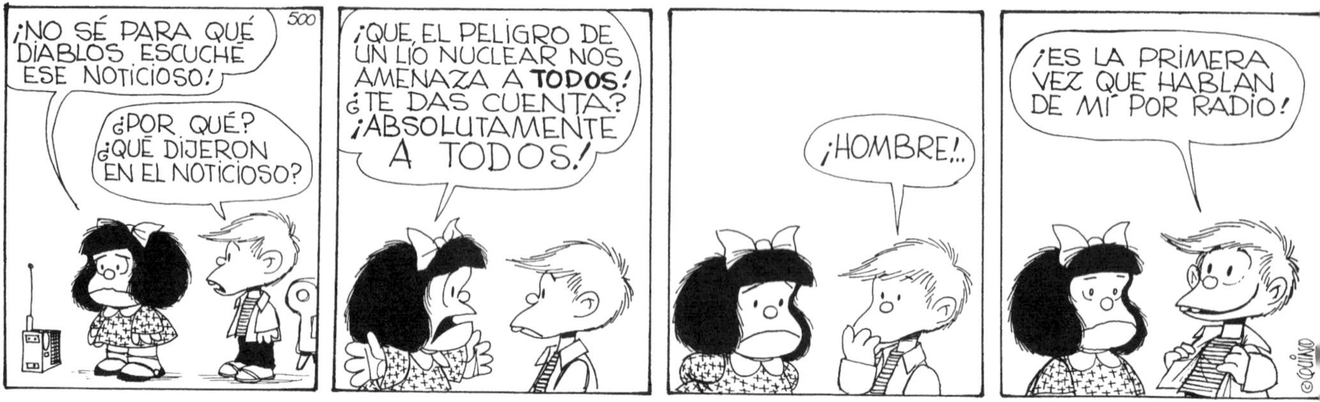
500
¡NO SÉ PARA QUÉ DIABLOS ESCUCHÉ ESE NOTICIOSO!
¿POR QUÉ? ¿QUÉ DIJERON EN EL NOTICIOSO?
¡QUE, EL PELIGRO DE UN LÍO NUCLEAR NOS AMENAZA A **TODOS**! ¿TE DAS CUENTA? ¡ABSOLUTAMENTE A TODOS!
¡HOMBRE!..
¡ES LA PRIMERA VEZ QUE HABLAN DE MÍ POR RADIO!
© QUINO

¡UDS. CREEN QUE LO ÚNICO QUE ME INTERESA ES EL ALMACÉN DE MI PAPÁ Y QUE SOY UN BESTIA SIN SENSIBILIDAD! ¿NO?

501

PUES PARA QUE SEPAN: ¡YO NO SOY LO QUE UDS. CREEN!

QUEDATE TRANQUILO, MANOLITO; AQUÍ NADIE CRÉE QUE VOS SEAS ALGO

CUANDO SEA GRANDE VOY A SER ASTRONAUTA ¡SÍ SEÑOR!.....UN BUEN ASTRONAUTA DEBE GANAR UN SUELDAZO

502

Y ADEMÁS,....¡ESO DE FLOTAR!...¡Y DE SENTIRSE SUSPENDIDO EN EL ESPACIO!....¡Y.....

¡BONK!

¿CUÁNTO CREÉS QUE PUEDE GANAR UN BUEN COLCHONERO, MAFALDA?

 ¡LA PRIMAVERA, MANOLITO!... ¡LLEGÓ LA PRIMAVERA!

503

 ¿Y?

 ¿QUIÉN PODÍA ESTAR PREPARADO PARA SEMEJANTE PREGUNTA?

 ¿QUÉ PLANES TENÉS PARA ESTA PRIMAVERA, MIGUELITO?

504

 VIVIR

 TAN CHIQUITO,... ¡Y YA TAN ORGANIZADO!...

©QUINO

"No dejes para mañana 'lo que puedes hacer hoy"

505

¡DIOS MÍO!...¡SI LOS CHINOS LLEGAN A LEER ESTO!....

¡BANG!

¡AUUUGH!

506

¡RAT-TA'TA'TA'TAT!

¡OUUUG! ¡AYYY¡!

¡UUUCH!

¡BAÏNG! ¡BAÏNG!

¡AAAUGH!

¡HEEEY!

¿Y CÓMO DIABLOS NO VIO MI PAPÁ QUE EL NEGOCIO NO ES PONER UN ALMACÉN, SINO UNA POMPA FÚNEBRE?

VOY A DIVERTIRME UN RATO ASUSTANDO A MAFALDA CON ESTA ARAÑA DE GOMA

507

¿SABÉS QUÉ TENGO PARA VOS?

BUENO, NUNCA HABÍA QUERIDO DECÍRTELO, PERO PARA MÍ, TENÉS LOS DIENTES MUY SALIDOS Y LA CARA DEMASIADO LARGA Y POCO CARÁCTER...

@QUINO

¡MCHUIIIK!

508

TOMÁ, MAFALDA; LEÉ "PULGARCITO", QUE PARA TU EDAD ES MUCHO MEJOR, ¿EHÉ?

¡TIC!

PULGARCITO

"...y en la oscuridad, creyendo dar cuenta de Pulgarcito y sus hermanos, el Ogro mató a sus propias hijas...."

PULGARCITO

¡ESTO SÍ QUE ESTÁ BUENO! YO CREÍA QUE PARA LA EDAD DE CUALQUIERA, ERA MUCHO MEJOR UN BESITO QUE UN CRIMEN

@QUINO

"...QUIEN APLICÓ UN RECIO GOLPE DE PUÑO AL GUARDAVALLA, ANTE LA IMPASIBILIDAD DEL ÁRBITRO, QUE NO SANCIONÓ EL FOUL...."

599

¿CÓMO ALGUIEN PUEDE QUEDARSE IMPASIBLE ANTE UNA COSA ASÍ? ¡ES INDIGNANTE!

"ES CADA VEZ MAYOR EL NÚMERO DE NIÑOS ABANDONADOS Y DESNUTRIDOS"

ES BUENO VER QUE TE PREOCUPA ALGO TAN IMPORTANTE, PAPÁ ¡TODO EL MUNDO DEBIERA SER COMO VOS!

¿Y VOS, QUÉ TAL, MANOLITO? ¿SACASTE MEJORES O PEORES NOTAS QUE LA VEZ PASADA?

510

BUENO, ¿QUÉ TE DIRÉ? PARECE QUE YO A LA MAESTRA LE DESPIERTO UNA ESPECIE DE SIMPATÍA COMERCIAL

¿SIMPATÍA COMERCIAL? ¿Y ESO QUÉ QUIERE DECIR?

QUIERE DECIR QUE MIENTRAS MÁS ME CONOCE, MÁS DESCUENTO ME HACE

¿QUÉ TE OCURRE, FELIPE?

¡ALGO TERRIBLE! ¡SE ME ESTÁ AFLOJANDO UN DIENTE; MIRA

¡UY! ¿A VER?

¿QUÉ TE PARECE?

QUE EN ESTE MOMENTO SOS UNA PÉSIMA PROPAGANDA PARA CUALQUIER PEGATODO

NO TE AMARGUES POR ESE DIENTE FLOJO, FELIPE; CUANDO SE TE CAIGA, LO PONÉS BAJO LA ALMOHADA, Y A LA MAÑANA SIGUIENTE TE ENCONTRÁS CON QUE LOS RATONES TE HAN DEJADO UNA MONEDA

512

¿ME DEJARÁN UNA MONEDA? ¿A MÍÍÍ? ¿LOS RATONES?

AJHÁ

¡QUÉ BICHOS SIMPÁTICOS RESULTARON SER LOS RAT....

¿NO ES ESPANTOSO? ACABO DE APRENDER A ODIAR POR CUESTIONES ECONÓMICAS

TENGO UN DIENTE FLOJO, ¿VES? CUANDO SE ME CAIGA, LO PONDRÉ BAJO LA ALMOHADA Y LOS RATONES ME DEJARÁN UNA MONEDA

513

¿UNA MONEDA? ¿EN SERIO? ¿Y CUÁNTO TARDARÁ EN CAERSE EL DIENTE?

Y,..... NO SÉ; UNOS DÍAS

¿DÍAS? ¡HOMBRE!.... ¡CUANTO ANTES LO BAJEMOS, MENOS DEVALUADA ESTARÁ ESA MONEDA!

¡ES INÚTIL!.... LOS COBARDES NUNCA HARÁN BUENOS NEGOCIOS

ESTE ASUNTO DE LOS DIENTES DE LECHE NO LO ENTIENDO

514

¿ACASO NO ESTÁN BUENOS? ¿QUÉ NECESIDAD HAY DE CAMBIARLOS?

¡ME REVIENTA TENER QUE CAMBIAR ALGO CUANDO TODAVÍA SIRVE!

¡Y ADEMÁS....

¡NO ESTÁN LAS COSAS COMO PARA ANDAR DESPILFARRANDO DIENTES!

EXPLÍCAME CÓMO ES ESO DE LOS DIENTES DE LECHE, MAMÁ; ¿A UNO SÉ LE CAEN TODOS DE GOLPE?

¿POM?

515

NO, MAFALDA; PRIMERO SE TE CAE UNO......

VARIOS DÍAS DESPUÉS, OTRO...

UN TIEMPO MÁS ADELANTE, OTRO....

¡DIOS MÍO!...¿SABRÉ SOBRELLEVAR ESE LENTO STRIP-TEASE DE MIS ENCÍAS?

516

¡ASÍ ES LA COSA!.. AL FINAL SE ME CAYÓ EL DICHOSO DIENTE DE LECHE

LO QUE NO SABE EL POBRE ES QUE ADEMÁS SE LE HA CAÍDO MEDIA PERSONALIDAD

ESCUCHÁ QUÉ LINDO LO QUE ENCONTRÉ EN ESTE LIBRO, MANOLITO

"SI DE NOCHE LLORAS POR EL SOL, LAS LÁGRIMAS TE IMPEDIRÁN VER LAS ESTRELLAS"

517

¿Y CUANDO LA PALIZA ES AL MEDIODÍA?...¡¿**QUÉ**?!...

¡MANOS ARRIBA, EN NOMBRE DE LA LEY!

518

..¡UN DESASTRE DE LEY; ESO ES LO QUE TENEMOS!....¡QUE SI NOS DAN LA JUBILACIÓN, QUE SI NO NOS LA DAN!......¡VAYA UNA LEY!..

¡SÍ, HOMBRE, VAYA UNA PORQUERÍA DE LEY!...

PODÉS BAJARLAS; YA ME ARRUINARON EL CLIMA

TENGO QUE HACER UNA COMPOSICIÓN SOBRE LA VACA, ¿QUÉ SE TE OCURRE QUE PUEDO DECIR, MIGUELITO?

519

LA VACA VIVE EN EL CAMPO. ALLÍ COME PASTO Y PASTO Y MÁS PASTO. ¡MUCHO PASTO!

LUEGO LA VACA VIENE A LA CIUDAD Y NOSOTROS NOS LA COMEMOS. Y YA ESTÁ.

O SEA QUE PARA VOS, LA VACA NO ES OTRA COSA QUE UN INTERMEDIARIO ENTRE EL PASTO Y NOSOTROS

©QUINO

¿HICISTE EL DIBUJO DE LA VACA, QUE NOS PIDIÓ LA MAESTRA, MANOLITO?

SEGURO

520

¿ESTÁ PARECIDA?

BUENO,..... LA VERDAD......

SÍ, YA SÉ. LO QUE PASA ES QUE COMO NO TENÍA UNA VACA A MANO, NO ME SALIÓ EXACTAMENTE UNA VACA, SI NO MÁS BIEN..

...EL "IDENTI-KIT" DE UNA VACA

©QUINO

SIN EMBARGO YO CREO QUE A LA MAESTRA LE VA A GUSTAR MI DIBUJO DE LA VACA. TAN MAL NO ESTÁ. Y SE NOTA BIEN QUE ES UNA VACA, ¿NO?

521

VISTO ASÍ.. ¿EHÉÉ? ¿QUÉ TAL?

¡QUÉ LINDO!...¿ES TUYO ESTO TAN LINDO, MANOLITO?

¡SEP!

¿Y ALGUIEN TE DIO LA IDEA, O SE TE OCURRIÓ A VOS SOLO ESTO DE PROYECTAR EL MONUMENTO A LA MEDIALUNA?

¡CHICOS! ¿QUÉ REGALAR A MAMÁ EN SU DÍA?

522

¡HAY QUE IR PENSANDO! ALMACÉN DON MANOLO SUGIERE SU AMPLIO SURTIDO DE JABÓN DE LAVAR, TRAPOS DE PISO, ETC.

PUES NO OLVIDEN QUE UNA MADRE CANSADA PEGA MENOS FUERTE

¿QUIÉN HAY AQUÍ EN ESTA NIEBLA?

YO, QUE ME ESTOY BAÑANDO

523

¿QUIÉN ES "YO"? ¡AH!... ¿SOS VOS, MAMÁ?

¡CLARO!...¿A QUIÉN ESPERABAS ENCONTRAR ACÁ, SI NO?

©QUINO

A SCOTLAND YARD

....Y PESE A LAS BURLAS Y A LA INCOMPRENSIÓN DE TODOS, COLÓN SEGUÍA AFIRMANDO QUE LA TIERRA ERA REDONDA

REDONDA...¡QUÉ BRUTO!

524

©QUINO

525

MUÉSTREME QUÉ TALLAS TIENE EN PAÑUELOS PARA REGALAR A UNA MADRE.

526

HOLA, FELIPE;... ÉSTEEEE,...... DECIME, ¿HAS PENSADO YA QUÉ REGALITO VAS A HACERME PARA EL DÍA DE LA MADRE?

¿REGALITO? ¿A VOS? ¿POR QUÉ?

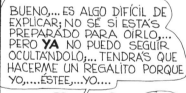

BUENO,... ES ALGO DIFÍCIL DE EXPLICAR; NO SÉ SI ESTÁS PREPARADO PARA OÍRLO,... PERO **YA** NO PUEDO SEGUIR OCULTÁNDOLO;... TENDRÁS QUE HACERME UN REGALITO PORQUE YO,....ÉSTEE,...YO....

¿VOS QUÉ?

YO, HIJO MÍO,... ¡SOY TU MADRE!

SIN EMBARGO EN LOS TELETEATROS SIEMPRE DA RESULTADO

SUSANITA QUISO HACERME CREER QUE ELLA ES MI MAMÁ, ASÍ MAÑANA YO TENÍA QUE HACERLE UN REGALITO

¿Y VOS QUÉ LE DIJISTE?

527

Y,....YO TAMPOCO LE DIJE NADA

¡EN ESTE DÍA DE LA MADRE, UN BESOTE PARA MI MAMÁ Y PARA TODAS LAS MAMÁS DEL MUNDO!

528

Y POR FAVOR,...... NO VAYAN A COMETER HOY *LA GAFFE* DE HACER SOPA

¿DE NUEVO AHÍ TIRADO SIN HACER NADA Y ESPERANDO ALGO DE LA VIDA COMO LA OTRA VEZ, MIGUELITO?

529

NO, MAFALDA. ESTA VEZ HE PENSADO EN TODAS LAS INDUSTRIAS, EN TODOS LOS SEMBRADOS, LOS DIQUES, LAS TIENDAS, LOS CAMINOS,.....

....LOS HOSPITALES, LAS BIBLIOTECAS, LOS MUSEOS, LOS LABORATORIOS, LAS OFICINAS, LOS TEATROS,..

¿Y?

Y HE LLEGADO A LA CONCLUSIÓN DE QUE POR EL MOMENTO ESTÁ TODO HECHO Y PUEDO DESCANSAR

530

¿QUÉ TE PASA, MIGUELITO? ¿ESTÁS ENFERMO?

¿ENFERMO? NO...

¿NUNCA OÍSTE ESO DE "CREA FAMA Y ÉCHATE A DORMIR"?

SÍ

BUENO, LA FAMA LA HE DEJADO PARA MÁS ADELANTE

531

¿SABE USTED DONDE COMPRAN LOS EJECUTIVOS SUS LENTEJAS? ¡PUES, EN ALMACÉN...

"...DON MAN...

¡BONK!

532

MIGUELITO VA A TOMAR HOY SU DOSIS DE VACUNA SABIN ORAL Y QUIERE SABER ALGO, MAMÁ

ES COMO YO TE DECÍA, MIGUELITO; LA VACUNA SABIN TE PROTEGE DE LA POLIO,...

...PERO NO DEL COMUNISMO

¡LÁSTIMA!... HUBIERA SIDO BUENO MATAR DOS PÁJAROS DE UN TIRO

HABRÍA QUE EMPEZAR DE NUEVO, A VER SI SALE MEJOR

DE ACUERDO

533

¿A QUÉ SE JUEGA?

¡A NADA, HOMBRE!... HABLÁBAMOS DE LA HUMANIDAD

534

?

¡PAF!

PODRÍAN DECIRSE MUCHAS SUTILEZAS, PERO HOY NO TENGO GANAS

BUEN DÍA, MAMÁ. ¿NO SABÉS SI PROSCRIBIERON YA LAS ARMAS NUCLEARES?

535

NO SÉ, MAFALDA, PERO CREO QUE NO. ¿POR QUÉ?

BUENO, POR NADA EN ESPECIAL

SÓLO QUE SERÍA LINDO LEVANTARSE UN DÍA Y ENCONTRARSE CON QUE POR FIN LA VIDA DE UNO DEPENDE DE UNO

LA VERDAD ES QUE MANOLITO TIENE UNA CARA HONESTA, ¡SÍ SEÑOR! CUANDO LO VEA SE LO VOY A DECIR

536

PORQUE MIRÁ QUE HAY CARAS HIPÓCRITAS, ¿EH? LA DE MANOLITO, EN CAMBIO, ES UNA CARA FRANCA, ABIERTA, SINCERA....

...QUE DICE SIN TAPUJOS LO BESTIA QUE ES...

© QUINO

AQUÍ DICE QUE EN EL FUTURO LA HUMANIDAD PADECERÁ UN HAMBRE ESPANTOSA

¡ZÁS!...

SIENTO UN AMAGO FUTURISTA ¿TENDRÍAS PAN CON MANTECA?

LOS DIARIOS ESTÁN LLENOS DE MALAS NOTICIAS Y NADIE LOS DEVUELVE POR ESO;...

538

LA VIDA ESTÁ LLENA DE COSAS MALAS Y TODOS LA ACEPTAN

Y USTED PRETENDE DEVOLVER UN SIMPLE SALAMÍN PORQUE ESTÁ MALO EL RELLENO ¡VAMOS, SEÑORA!...

¡Tic!

"...SU DESAPARICIÓN PRIVA A LA PANTALLA DE UNA DE SUS MÁS GRANDES FIGURAS..."

¿QUIÉN?

"...CUYO ARTE INIGUALABLE NO OLVIDAREMOS JAMÁS"

¿PERO QUIÉN? ¿QUIÉN?

Y POR HOY, AMIGOS, NADA MÁS. SERÁ HASTA MAÑANA

¡Y NO DIJO!

¡DIOS MÍO!..

¡QUE NO HAYA MUERTO EL PÁJARO LOCO!

¡NO ME SIGAS LEYENDO! ¡NO SOPORTO PENSAR QUE EL LOBO VA A COMERSE A LA ABUELA DE CAPERUCITA!

¡BUENO, BUENO, ESTÁ BIEN!..

MEJOR JUGAMOS UN POCO AL BOWLING, ¿EH?

¡DALE!

DECIME, ¿LE ECHÓ MAYONESA, O SE LA COMIÓ ASÍ NOMÁS?

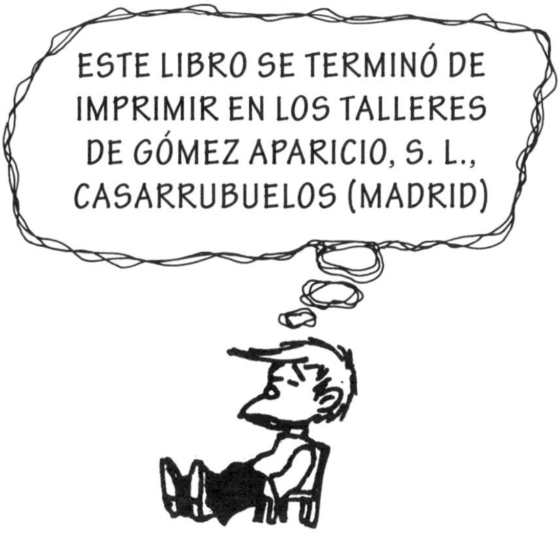
ESTE LIBRO SE TERMINÓ DE
IMPRIMIR EN LOS TALLERES
DE GÓMEZ APARICIO, S. L.,
CASARRUBUELOS (MADRID)

Joaquín Lavado nació el 17 de julio de 1932 en Mendoza (Argentina) en el seno de una familia de emigrantes andaluces. Descubrió su vocación como dibujante a los tres años. Por esas fechas ya lo empezaron a llamar **Quino**. En 1954 publica su primera página de chistes en el semanario bonaerense *Esto Es*. En 1964, su personaje Mafalda comienza a aparecer con regularidad en el semanario *Primera Plana*. El éxito de sus historietas le brinda la oportunidad de publicar en el diario nacional *El Mundo* y será el detonante del *boom* editorial que se extenderá por todos los países de lengua castellana. Tras la desaparición de *El Mundo* y un año de ausencia, Mafalda regresa a la prensa en 1968 gracias al semanario *Siete Días* y en 1970 llega a España de la mano de Esther Tusquets y de la editorial Lumen. En 1973, Mafalda y sus amigos se despiden para siempre de sus lectores. Lumen ha publicado los once tomos recopilatorios de viñetas de *Mafalda*, numerados de 0 a 10, y también en un único volumen —*Mafalda. Todas las tiras* (2011)—, así como las viñetas que permanecían inéditas y que integran junto con el resto el libro *Todo Mafalda*, publicado con ocasión del cincuenta aniversario del personaje. En 2018 vio la luz la recopilación en torno al feminismo *Mafalda. Femenino singular*; en 2019, *Mafalda. En esta familia no hay jefes*, y en 2020, *El amor según Mafalda*. También han aparecido en Lumen los libros de viñetas humorísticas del dibujante, entre los que destacan *Mundo Quino* (2008), *Quinoterapia* (2008), *Simplemente Quino* (2016) o el volumen recopilatorio *Esto no es todo* (2008).

Quino ha logrado tener una gran repercusión en todo el mundo, se han instalado esculturas de Mafalda en Buenos Aires, Oviedo y Mendoza, sus libros han sido traducidos a más de veinte lenguas y dialectos (los más recientes son el armenio, el búlgaro, el hebreo, el polaco y el guaraní), y ha sido galardonado con premios tan prestigiosos como el Príncipe de Asturias de Comunicación y Humanidades y el B'nai B'rith de Derechos Humanos. Quino murió en Mendoza el 30 de septiembre de 2020.